古典文獻研究輯刊

十六編

潘美月・杜潔祥 主編

第 26 冊

先秦符節研究（下）

洪德榮 著

國家圖書館出版品預行編目資料

先秦符節研究（下）／洪德榮　著 — 初版 — 新北市：花木蘭
文化出版社，2013〔民 102〕
目 8+162 面；19×26 公分
（古典文獻研究輯刊 十六編；第 26 冊）
ISBN：978-986-322-177-7（精裝）
1. 古器物　2. 先秦
011.08　　　　　　　　　　　　　　　　102002363

ISBN-978-986-322-177-7

古典文獻研究輯刊
十六編　第二六冊　　　　　　　　ISBN：978-986-322-177-7

先秦符節研究（下）

作　　者　洪德榮
主　　編　潘美月　杜潔祥
總 編 輯　杜潔祥
企劃出版　北京大學文化資源研究中心
出　　版　花木蘭文化出版社
發 行 所　花木蘭文化出版社
發 行 人　高小娟
聯絡地址　235 新北市中和區中安街七二號十三樓
　　　　　電話：02-2923-1455／傳真：02-2923-1452
網　　址　http://www.huamulan.tw 信箱 sut81518@gmail.com
印　　刷　普羅文化出版廣告事業
初　　版　2013 年 3 月
定　　價　十六編 30 冊（精裝）新台幣 50,000 元

先秦符節研究（下）

洪德榮　著

目

次

【器號】26

【器名】乘虎符

【器形及說明】

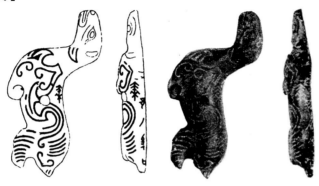

摹本引自中國社會科學院考古研究所編：《殷周金文集成》（修訂增補本）
第八冊，器號 12087 頁 6589；圖版引自容庚：《海外吉金圖錄》（民國 24 年
考古學社刊本影印），台北：台聯國風出版社，1978 年 1 月，圖一二七，頁
269。

《夵虎符》長三寸，厚四分五厘，重三兩三錢。通體碧綠色，刻虎班紋。
有錯金六字，僅一夵字清晰可見〔註301〕。

【出土地】

　　不詳

【典藏地】

　　現藏日本京都泉屋博古館。〔註302〕

【著錄】

《集成》器號	12087
著　　錄	羅振玉：〈夵符〉，《貞松堂集古遺文》，1930 年，卷十一，頁 12。
	容庚：〈夵虎符〉，《海外吉金圖錄》，1935 年，圖一二七。
	嚴一萍編：〈夵虎符〉，《金文總集》，臺北：藝文印書館，1983 年 12 月，器號 7885，頁 4587。

〔註301〕說明引自容庚：《海外吉金圖錄》（民國 24 年考古學社刊本影印），台北：台
　　　　聯國風出版社，1978 年 1 月，頁 378。但本文認爲銘文字數應爲五字。
〔註302〕中國社會科學院考古研究所編：《殷周金文集成》（修訂增補本）第八冊（北
　　　　京：中華書局，2007 年），頁 6650。

著　　錄	中國社會科學院考古研究所編：〈桼虎節〉，《殷周金文集成》，第十八冊，北京：中華書局，1994 年 12 月，器號 12087，頁 342。

【釋文】

　　桼（乘）邑□八□□〔1〕

【註釋】

　　〔1〕本符作虎形，僅存左半，銘文亦僅存其左半，只有「桼」字從「大」從「來」可辨。關於銘文字數及讀法，羅振玉先生於《貞松堂集古遺文》即對銘文作了釋讀：

　　　　桼□邑□□□。〔註 303〕

何琳儀先生釋為：

　　　　郲（乘）□車

並認為「郲」，疑即「乘丘」，在今山東省巨野〔註 304〕。而《《殷周金文集成》釋文》釋為：

　　　　乘□□八□□。〔註 305〕

又《齊文字編》所釋：

　　　　乘邑。〔註 306〕

上述四家對於銘文讀法的認定並不相同，可製一表如下：

3.26.1《桼虎符》銘文字形表

學　者　＼　銘　文						
羅振玉	桼	□	邑	□	□	□
何琳儀	郲（乘）	□	車			
《殷周金文集成》釋文	乘	□	□	八	□	□
《齊文字編》	乘	邑				

〔註 303〕羅振玉：《貞松堂集古遺文》卷十一，頁 12。

〔註 304〕何琳儀：《戰國文字通論（訂補）》（江蘇：江蘇教育出版社，2003 年 1 月），頁 87。

〔註 305〕中國社會科學院考古研究所編：《《殷周金文集成》釋文》（香港：香港中文大學出版社，2001 年 10 月），頁 769。

〔註 306〕孫剛：《齊文字編》（福州：福建人民出版社，2010 年 1 月），頁 145。

上述四家對於銘文的釋讀意見，以下將討論各家說法逐字討論之。

一、

唐蘭先生最早釋爲「乘」〔註307〕，而由上表整理來看，除羅振玉先生直接隸定從「大」從「來」外，各家皆將「」釋爲「乘」，甚確。何琳儀先生隸定爲「鄴」，應是考慮到虎符右旁亡佚，其上有字形的右半，並認爲「乘」即「乘丘」，在今山東省巨野縣，字形右旁有「邑」旁爲義符，故隸定爲「鄴」。「」爲齊系文字中「乘」的寫法，試將各系文字「乘」的寫法列表如下：

3.26.2「乘」字字形表

字形						
出處	《鄂君啓車節》，《集成》卷十八，器號12112	《信陽》2.4	《新蔡》甲三167	《郭店‧語叢二》26	《曾侯乙》122	《上博（二）‧容成氏》51
分域	楚系					

字形					
出處	《溫縣盟書》WT1K14：867〔註308〕	《公乘方壺》，《集成》卷十五，器號9496	《古璽彙編》1107	《陶文圖錄》2.404.4	《陶文圖錄》2.664.1
分域	三晉系		齊系		

字形			
出處	《二十年距末》，《集成》卷十八，器號11916-6	《古璽彙編》251	《古璽彙編》3961
分域	燕系		

從上表可以看出，楚系、三晉系「乘」字的寫法多與《說文》古文「乘」作 相類，《璽彙》1107更省略了下部的「几」旁，是簡省較多的寫法。而《信陽》簡的寫法爲異體，彭浩先生說：「此字上部從，只是拉直了筆劃，

〔註307〕唐蘭：〈王命傳考〉，北京大學《國學季刊》六卷四號，1946年，頁71。

〔註308〕艾蘭、邢文主編：《新出簡帛研究》（北京：文物出版社，2004年12月），圖版十。

下部所從之♩仍♫之變體，應爲♨（乘）字的異體。」甚確。〔註309〕德榮按：甲骨文「乘」字作「♀」（《粹》1109）、「♀」（《前》7.38.1），象人登木上之形，金文又作「♠」（《虢季子白盤》）、「♠」（《多友鼎》）之形，而許學仁師言：

> ♠象人形，著其足趾♫，則成♠♠♠♠形。降及戰國之世，
> ♠字往往又詭變爲♠，楚文字中又屢見之。如鑄客鼎、集腊大子
> 鼎，與佳作♩，並晚周文字之變體也。♠既作♠形，著其足趾，
> 另成♨♨形，先秦古鉢♣乘馬♠公乘，皆爲實例。♨♨即乘字的省體，
> 復加整飾，遂變爲♠，即♠、♣二字所從者。〔註310〕

參看上表《郭店・語叢二》26、《上博（二）・容成氏》51，足趾之形♫簡省爲四撇豎筆如♨，《信陽》簡的寫法將「♠」形拉直爲兩筆橫劃，以致字形上部僅有四撇豎筆。至於《曾侯乙》、《上博（二）・容成氏》下從「車」的寫法，《集韵・蒸韻》：「♣，車一乘也，或作騬」〔註311〕，及《古文四聲韻》卷二引「♣」、「♣」二字爲「乘」之異體字。〔註312〕筆者認爲下從「車」的寫法，或也表示以人在車上會意，加強說明了「乘」字爲人搭乘交通工具之意。

二、♫

羅振玉先生、《《殷周金文集成》釋文》、何琳儀先生釋爲待考字，孫剛先生則無釋。字形僅存兩筆，上長下短，下筆較粗。因器形僅存左半，即便從橫筆爲兩筆的文字考慮如「士」、「二」等字，仍無法斷定爲何字。筆者認爲此二橫劃應是虎符紋飾的筆畫，於此則不列入待考之字。

三、♫

《《殷周金文集成》釋文》釋爲待考字，何琳儀先生釋爲「車」，但字形對比古文字「車」的寫法，楚簡作「♠」（《包山》267），齊器作「♠」（《子禾子釜》，《集成》卷十六，器號10374）不類，今則存疑。

〔註309〕彭浩：〈信陽長台關楚簡補釋〉（《江漢考古》1984年第二期），頁64～65。

〔註310〕許師學仁：〈楚文字考釋〉（《中國文字》新七期，1983年4月），頁107～109。

〔註311〕中華書局編輯部：《小學名著六種・集韵》（北京：中華書局，1998年11月），頁59。

〔註312〕〔宋〕夏竦：《新集古文四聲韻》卷二下平聲（北京：北京圖書館出版社，2003年7月），頁28。

　　孫剛先生釋爲「邑」〔註313〕，從器形摹本的字形作「邑」來看，楚簡「邑」字作「邑」（《包山》3）、齊器作「邑」（《輪鎛》，《集成》卷一，器號271-1），釋爲「邑」確有可能，但考慮到器形尚有右半可以符合，今已闕遺，則右旁仍有銘文未詳，今暫存疑。

　　四、 丿

　　其字雖僅存左半，《《殷周金文集成》釋文》釋爲「八」，可從。

　　五、 丰

　　字形殘甚，諸家皆無釋，存疑。

　　六、 乜

　　字形殘甚，諸家皆無釋，存疑。

　　經上述，銘文可釋讀「桼（乘）邑〔〕八□□」，文意並不清楚，前二字或有爲地名之可能，其用途亦有待考證。

【斷代及國別】

　　戰國齊器

【相關研究文獻】

　　未見專文論著。

〔註313〕孫剛先生亦於《齊文字編》將「邑」列爲單字，置於「邑」字頭之下。參孫剛：《齊文字編》（福州：福建人民出版社，2010年1月），頁170。

【器號】27

【器名】亡縱熊符

【器形及說明】

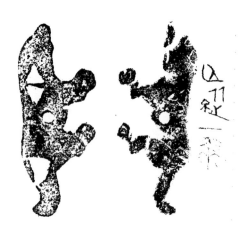

引自中國社會科學院考古研究所編：《殷周金文集成》（修訂增補本）第八
冊，器號 12092，頁 6591。

　　器形僅存左半，羅振玉命為熊形，可從。器身計有三個三角形榫洞，用
於與右半合符之用，並於器身中間有圓孔用於穿繩佩戴。揚本銘文不清，羅
振玉摹出「以縱一乘」四字。

【典藏地】

　　不詳

【著錄】

《集成》器號	12092
著　　錄	羅振玉：《增訂歷代符牌圖錄》，1925 年，圖錄上，頁 3 右。
	羅振玉：〈以縱熊節〉，《三代吉金文存》，1937 年，卷十八，頁 31 右，左上。
	嚴一萍編：〈以縱熊節〉，《金文總集》，臺北：藝文印書館，1983 年，器號 7889，頁 4589。
	中國社會科學院考古研究所編：《殷周金文集成》，第十八冊，北京：中華書局，1994 年 12 月，器號 12092，頁 344。

【釋文】

　　亡（無）縱一乘[1]

【註釋】

〔1〕器形僅存其半，銘文亦不清晰，羅振玉先生《三代吉金文存》名爲《**亡縱**熊節》，並摹四字：

亡縱——乘。〔註314〕

就器形來看，應名爲《熊符》，銘文唐蘭先生釋爲「亡縱一乘」〔註315〕。第一字釋爲「亡」，「亡」字常見於古文字，作**亡**（《班簋》）、**亡**（《郭店·老子甲》簡1）、**亡**（《侯馬》六七：一四）等形，釋爲「亡」可從。

第二字左從「糸」，右下從「走」，右上作**刀**，戰國文字中「人」及從「人」偏旁常見如此寫法，如：

3.27.1 從「人」偏旁字形表

字形		從	侑		保	從
偏旁						
出處	《包山》7	《上博（二）·從政甲》10	《侯馬》一：四○	《古璽彙編》2542	《十四年陳侯午敦》、《集成》卷九，器號4646	《陶文圖錄》3.476.2
分域	楚系		三晉系		齊系	

故唐蘭先生釋**縱**爲「縱」，甚確。而最末字釋爲「乘」，參看前述《乘虎符》一節，《熊符》「乘」字的寫法帶有齊系特色，故《熊符》可定爲齊器。

「亡縱」一語應讀爲「無縱」，《說文》釋「縱」：「緩也，一曰捨也。」〔註316〕，《爾雅·釋詁》：「縱、縮，亂也。」〔註317〕「一乘」應是指車馬或貨物的單位數量，《鄂君啓節》有：「車五十乘」一詞。又對比同是齊器的《齊大夫馬節》銘文：「齊節，大夫□五乘」，「無縱一乘」四字文意並不完整，

〔註314〕羅振玉先生所摹四字最末字於《三代吉金文存》不甚清晰，《殷周金文集成》所錄係引自《三代吉金文存》，字形同樣不清，現所錄字形爲筆者據原字形重新摹寫。

〔註315〕唐蘭：〈王命傳考〉，北京大學《國學季刊》六卷四號，1946年，頁72。

〔註316〕〔東漢〕許慎著、〔清〕段玉裁注：《新添古音說文解字注》（臺北：洪葉文化事業有限公司，2005年10月），頁625。

〔註317〕周祖謨撰：《爾雅校箋》（昆明：雲南人民出版社，2004年11月），頁11。

而《熊符》也只見此左半搨本，原器不詳去處，疑有銘文佚失不可見。

【斷代及國別】

戰國齊器

【相關研究文獻】

未見專文論之。

【器號】28

【器名】新郪虎符

【器形及說明】

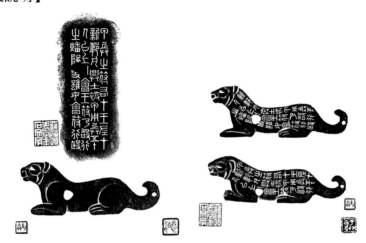

引自中國社會科學院考古研究所編：《殷周金文集成》（修訂增補本）第八冊，北京：中華書局，2007 年，器號 12108，頁 6599。

原器爲模鑄，作伏虎狀，前後腳平蹲，虎頭自然前伸，耳上豎，兩眼前視，虎尾上捲。由鼻尖至尾彎處長八、八厘米；由前腳至耳尖之高爲三、二厘米；由後腳至背部之高爲二、二厘米，淨重九十五公克。

虎之剖面平坦，在胸部有楔形，在臀部有矩形凹入處；在楔形凹處之下方有一直徑〇・六公分之略呈三角形圓孔。此等凹處及穿洞可能爲接受右半凸出之筍而設者。尾部另有一直徑〇・二五公分之小圓孔，似爲穿繩佩帶之用者。

銘文係先刻淺漕，後再錯金，字體爲小篆。全文共四十字，下行右讀，分四行書於由耳後起至臀部止之背、腰、頸及前後雙腿上，覆蓋虎身的三分之二強。首行九字，次行十一字，三、四兩行均十字。〔註318〕

【出土地】

不詳

────────────

〔註318〕三段引文對於《新郪虎符》的說明甚詳，皆引自侯錦郎：〈新郪虎符的再現及其在先秦軍事、雕塑及書法研究上的意義〉，《故宮季刊》第十卷第一期，台北：國立故宮博物院，1975 年，頁 44～45。

【典藏地】

現藏法國巴黎陳氏，搨本藏中國社會科學院考古研究所〔註319〕。

【著錄】

《集成》器號	12108
著　　錄	羅振玉：〈新郪虎符〉，《增訂歷代符牌圖錄》，1925 年，圖錄上，頁 2 右下。
	羅福頤：〈新郪虎符〉，《待時軒傳古別錄》，1928 年，頁 2 左。
	容庚：〈新郪兵符〉，《秦漢金文錄》，1931 年，卷一，頁 41。
	劉體智：〈秦新郪虎符〉，《小校經閣金石文字》，1935 年，卷九，頁 90 右。
	郭沫若：〈新郪虎符〉，《兩周金文辭大系圖錄考釋》，1935 年，圖錄，頁 292；考釋，頁 251～252。
	嚴一萍編：〈新郪虎符〉，《金文總集》，臺北：藝文印書館，1983 年，器號 7886，頁 4588。
	中國社會科學院考古研究所編：《殷周金文集成》，第十八冊，北京：中華書局，1994 年 12 月，器號 12108，頁 352。

【釋文】

甲兵之符，右才（在）王〔1〕，左才（在）新郪〔2〕，凡興士被（披）甲，用兵五十人以上，【必】會王符〔3〕，乃敢行之。燔隊（燧）事〔4〕，雖母（毋）會符，行殹（也）〔5〕。

【註釋】

〔1〕王，王國維先生最早以文字的寫法論虎符爲秦物：「其文甲作 **甲**，兵作 **兵**，在作 **十**，與秦陽陵符同；凡作 **凡**，與散氏盤同；敢作 **敢**，也作 **敢**，與詛楚文同，餘字皆同小篆。余謂此秦符也。」〔註320〕王說實爲不易之論，則此符製作時間下限當於秦統一天下，秦王嬴政稱「皇帝」之前，故以「王」稱國君。

〔2〕新郪，王國維先生引《戰國策・魏策》蘇秦說魏王曰：「大王之國，南有許、鄢、昆陽、邵陵、舞陽、新郪」又引《史記・魏世家》安釐王十一

〔註319〕中國社會科學院考古研究所編：《殷周金文集成》（修訂增補本）第八冊（北京：中華書局，2007 年），頁 6651。

〔註320〕王國維：〈秦新郪虎符跋〉，《觀堂集林・卷十八・史林十》（台北：河洛圖書出版社，1975 年 3 月），頁 903。

年：「秦拔我郪丘」，並引應劭之語以爲「郪丘」應爲「新郪」〔註321〕，證新郪爲魏地。按，新郪爲戰國魏地可從，而新郪何時歸爲秦地，則牽涉到虎符製作的時間上限。關於製作時間，王國維先生言此符作於「秦併天下前二三十年間物也」；唐蘭先生認爲作於「在秦始皇十七年（德榮按：西元前 230 年）滅韓置潁川郡之後，廿六年（德榮按：西元前 221 年）稱皇帝之前」；侯錦郎、朱捷元先生以《史記‧魏世家》安釐王十一年：「秦拔我郪丘」訂時間於西元前 266 年〔註322〕。而對於上述諸位學者的說法，陳昭容先生做過詳細的討論，引《睡虎地‧編年紀》簡 41：「卌一年攻邢丘」證《史記‧魏世家》：「秦拔我郪丘」之「郪丘」爲誤植，故以西元前 266 年爲虎符製作之上限不可信，但因新郪確切入秦的時間於史無徵，故對王國維先生「秦併天下前二三十年間物也」、唐蘭先生「當爲秦統一前十年間物」〔註323〕兩說皆不反對〔註324〕。筆者亦從陳昭容先生之說，《新郪虎符》的製作年代在戰國末期至秦統一天下之間。新郪的地望則在今安徽省太和縣西北〔註325〕。

　　〔3〕必，從王國維先生所釋〔註326〕，就器形及文字摹本看，因字形爲圓孔所穿〔註327〕，僅存右半豎筆，就文字寫法上，對比秦文字中「必」字作

〔註321〕王國維：〈秦新郪虎符跋〉，《觀堂集林‧卷十八‧史林十》（台北：河洛圖書出版社，1975 年 3 月），頁 903～904。

〔註322〕王國維：〈秦新郪虎符跋〉，《觀堂集林‧卷十八‧史林十》（台北：河洛圖書出版社，1975 年 3 月），頁 904；唐蘭：〈新郪虎符作於秦王政十七年滅韓後〉，《申報》文史版，1948 年 6 月 26 日；侯錦郎：〈新郪虎符的再現及其在先秦軍事、雕塑及書法研究上的意義〉，《故宮季刊》第十卷第一期（台北：國立故宮博物院，1975 年），頁 58～59；朱捷元：〈秦國杜虎符小議〉，《西北大學學報（哲學社會科學版）》1983 年第一期，頁 55。

〔註323〕唐蘭：〈新郪虎符作於秦王政十七年滅韓後〉，《申報》文史版，1948 年 6 月 26 日。

〔註324〕陳昭容：《秦系文字研究‧第五章　秦兵甲之符》（台北：中央研究院歷史語言研究所，2003 年 7 月），頁 257～261。

〔註325〕魏嵩山主編：《中國歷史地名大辭典》（廣東：廣東教育出版社，1995 年 5 月），頁 1195。

〔註326〕王國維：〈秦新郪虎符跋〉，《觀堂集林‧卷十八‧史林十》（台北：河洛圖書出版社，1975 年 3 月），頁 903。

〔註327〕對於器形上的圓孔，侯錦郎先生言：「虎之剖面平坦，在胸部有楔形，在臀部有矩形凹入處；在楔形凹處之下方有一直徑〇‧六公分之略呈三角形圓孔。此等凹處及穿洞可能爲接受右半凸出之筍而設者。」〈新郪虎符的再現及其在先秦軍事、雕塑及書法研究上的意義〉，《故宮季刊》第十卷第一期（台北：國立故宮博物院，1975 年），頁 45。

　　[IMG]（《睡虎地·秦律十八種》150）、[IMG]（《睡虎地·日書甲種》141 背）；就文例上，對比《杜虎符》，可知釋為「必」可從。

　　〔4〕燔隊（燧）事：「隊」字下半與「事」字上半為圓孔所穿，侯錦郎先生釋字形[IMG]為「燧」；湯餘惠先生釋「隊」讀「燧」〔註 328〕。《說文》有「燔」字：「[IMG]也。從火番聲。」而「[IMG]」《說文》釋為「燒」〔註 329〕，則「燔」為焚燒之義。《說文》有「燧」字：「[IMG]燧，侯表也。邊有警則舉火。」段注曰：「各本無燧字，今依文選注補燧。各本作燧，今正。」可見「燧」、「燧」有相通之例，段注又引孟康曰：「燧如覆米，藁懸著，挈皐頭，有寇則舉之；燧積薪，有寇則燔燃之也。」〔註 330〕；《漢書·賈誼傳》：「斥侯望烽燧不得臥，將吏被介胄而睡」顏師古引張晏注曰：「晝舉烽，夜燔燧。」並駁張說，認為「張說誤也，晝則燔燧，夜則舉」〔註 331〕按，「燔隊」應讀「燔燧」，指邊境有敵來犯，燃烽火以告警。而從「燔燧事，雖無會符，行也」的敘述，也可看出秦制對於邊境緊急狀況用兵的相關規定。

　　〔5〕殹，銘文寫作[IMG]，王國維先生以《詛楚文·巫咸》證之為「也」字，甚確，《詛楚文》「也」字作[IMG]，其文例作「將之以自救也」〔註 332〕對比戰國各系「也」字的寫法：

〔註 328〕侯錦郎：〈新郪虎符的再現及其在先秦軍事、雕塑及書法研究上的意義〉，《故宮季刊》第十卷第一期（台北：國立故宮博物院，1975 年），頁 59；湯餘惠：《戰國銘文選·新郪虎符》（長春：吉林大學出版社，1993 年 9 月），頁 52。

〔註 329〕〔東漢〕許慎著、〔清〕段玉裁注：《新添古音說文解字注》（臺北：洪葉文化事業有限公司，2005 年 10 月），頁 485。

〔註 330〕〔東漢〕許慎著、〔清〕段玉裁注：《新添古音說文解字注》（臺北：洪葉文化事業有限公司，2005 年 10 月），頁 491。

〔註 331〕〔漢〕班固撰、〔唐〕顏師古注：《漢書·賈誼傳》（北京：中華書局，1964 年 11 月），卷四八，頁 2241。

〔註 332〕圖版引自郭沫若：《郭沫若全集·考古編第九卷（石鼓文研究、詛楚文考釋）》（北京：科學出版社，1982 年 9 月），頁 331；釋文引自，頁 298。

3.28.1「也」字字形表

字形					
出處	《郭店‧語叢一》53	《郭店‧唐虞之道》1	《坪安君鼎》，《集成》卷五，器號 2793	《庚壺》，《集成》卷十五，器號 2793	《丙辰方壺》，《文物》1984 年十期，頁 62〔註 333〕
分域	楚系		三晉系（魏）	齊系	燕系

　　對比各系的「也」字寫法，「殹」確實爲秦地具有區域特色的寫法，而《睡虎地》秦簡中的「也」字多作「殹」，但也偶見「也」的寫法，如《睡虎地‧日書》背一一○：「是謂出亡歸死之日也。」〔註334〕最末「也」字作，而《說文》「也」字下曰：「，秦刻石也字」〔註335〕，其寫法與上引戰國各系的寫法相同類，則可見在秦代、兩種「也」字的寫法是通用並行的，陳昭容先生認爲「『殹』字之地域色彩甚濃，作『也』則是受其他地區之影響。」〔註336〕其說可從之。

【斷代及國別】

　　秦器

【相關研究文獻】

1、王國維：〈秦新郪虎符跋〉，《觀堂集林》卷十八，史林十，頁 11。

2、唐蘭：〈新郪虎符作於秦王政十七年滅韓後〉，《申報》文史版，1948 年 6 月 26 日。

3、侯錦郎：〈新郪虎符的再現及其在先秦軍事、雕塑及書法研究上的意義〉，《故宮季刊》第十卷第一期，台北：國立故宮博物院，1975 年，頁 35～77。

4、陳直：〈秦兵甲之符考〉，《西北大學學報》1979 年第一期，頁 72。

5、張克復：〈我國古代的軍事符契檔案——新郪虎符及其它〉，《檔案》1990 年第

〔註333〕黃盛璋：〈盱眙新出銅器、金器及相關問題考辨〉，《文物》1984 年十期，頁 62。

〔註334〕睡虎地秦墓竹簡整理小組：《睡虎地秦墓竹簡》（北京：文物出版社，1990 年 9 月），頁 112。

〔註335〕〔東漢〕許慎著、〔清〕段玉裁注：《新添古音說文解字注》（臺北：洪葉文化事業有限公司，2005 年 10 月），頁 633。

〔註336〕陳昭容：《秦系文字研究——從漢字史的角度考察》（台北：中央研究院歷史語言研究所，民國 92 年（2003）7 月），頁 244。

六期，34～35。

6、王輝：〈新郪虎符〉，《秦漢銅器銘文編年集釋》，西安：三秦出版社，1990 年 7 月，頁 101～102。

7、許英才：〈秦漢虎符述略〉，《中華學苑》第四十三期，台北：國立政治大學中文系，民國 82 年 3 月（1993 年 3 月），頁 79～110。

8、湯餘惠：〈新郪虎符〉，《戰國銘文選・符節》，吉林大學出版社，1993 年 9 月，頁 52。

9、陳昭容：〈戰國至秦的符節——以實物資料爲主〉，《中央研究院歷史語言研究所集刊》第 66 本第一分，台北：中央研究院歷史語言研究所，1995 年 3 月，頁 305～366。

10、陳昭容：《秦系文字研究・第五章　秦兵甲之符》，台北：中央研究院歷史語言研究所，2003 年 7 月，頁 247～268。

【備註】

　　歷來對於《新郪虎符》的研究焦點，從分域及製作年代兩部分來看，王國維先生以文字寫法提出爲戰國秦器的說法，後世學者從之，概無疑義。但於製作年代上，如上文註釋〔2〕所述，王國維先生「秦併天下前二三十年間物也」、唐蘭先生「在秦始皇十七年滅韓置潁川郡之後，廿六年稱皇帝之前」、侯錦郎先生「新郪入秦爲紀元前 266 年，此年便是新郪虎符的鑄造上限」上述三位先生的說法都有值得討論的之處，但也因新郪確實入秦的年代史無確證，故僅能推定《新郪虎符》的製作年代在戰國末期至秦統一天下之間。

【器號】29

【器名】杜虎符

【器形及說明】

引自中國社會科學院考古研究所編：《殷周金文集成》（修訂增補本）第八
冊，北京：中華書局，2007 年，器號 12109，頁 6600。

虎符僅存左符，身長 9.5 釐米，4.4 釐米，厚 0.7 釐米。虎作立走形，昂
首，尾端捲曲。符陰有槽，作合符之用，頸上有一小孔，身上有錯金銘文九
行，共四十字，從虎頸自左向右，由背部向腹部書寫〔註337〕。

【出土地】

1975 年出土於中國西安省郊區山門口公社北沈家橋村。〔註338〕

【典藏地】

現藏中國陝西省博物館。〔註339〕

〔註337〕 參黑光：〈西安市郊發現秦國杜虎符〉，《文物》1979 年第九期，頁 93～94。
〔註338〕 戴應新：〈秦杜虎符的真偽及其有關問題〉（《考古》1983 年第十一期，頁
1012）、朱捷元：〈秦國杜虎符小議〉（《西北大學學報（哲學社會科學版）》1983
年第一期，頁 53）皆言出土於「北沈家橋村」，惟出土年份戴應新說「1975」
年，朱捷元說「1973」年，兩說無從確知何者爲確，今暫訂 1975 年。黑光：
〈西安市郊發現秦國杜虎符〉言 1973 年出土於西安省郊區山門口公社北沉村
（《文物》1979 年第九期，頁 93），其中「北沉村」應是「北沈家橋村」之誤。
〔註339〕 中國社會科學院考古研究所編：《殷周金文集成》（修訂增補本）第八冊（北
京：中華書局，2007 年），頁 6651。

【著錄】

《集成》器號	12109
著　　錄	黑光:〈西安市郊發現秦國杜虎符〉,《文物》1979 年第九期,頁 94。
	嚴一萍編:〈杜虎符〉,《金文總集》,臺北:藝文印書館,1983 年,器號 7887,頁 4589。
	中國社會科學院考古研究所編:《殷周金文集成》,第十八冊,北京:中華書局,1994 年 12 月,器號 12109,頁 353。

【釋文】

兵甲之符,右才(在)君[1],左才(在)杜[2],凡興士被(披)甲,用兵五十人以上,必會君符,乃敢行之。燔燹(燧)之事[3],雖母(毋)會符,行毆(也)[4]。

【註釋】

〔1〕右在君,與《新郪虎符》作「右在王」、《陽陵虎符》作「右在皇帝」比較,「右在君」一語成爲《杜虎符》斷代的線索,而學者對於《杜虎符》斷代主要有三說,謹理一表如下:

3.29.1 《杜虎符》斷代說法表

	說　　法	學　者	出　　處
A	「君」即指始皇弟長安君成蟜而言。此符當爲始皇八年以前之物。	陳直	陳直:〈秦兵甲之符考〉,《西北大學學報》1979 年第一期,頁 72
B	「君」指秦惠文君,《杜虎符》鑄造年代當於秦惠文君稱王之十三年間,即西元前 337~325 年	馬非百、朱捷元、胡順利、陳尊祥、王輝、曾維華	馬非百:〈關於秦國杜虎符之鑄造年代〉,《史學月刊》1981 年第一期,頁 20~21;朱捷元:〈秦國杜虎符小議〉,《西北大學學報(哲學社會科學版)》1983 年第一期,頁 53~55;胡順利:〈關于秦國杜虎符的鑄造年代〉,《文物》1983 年第八期,頁 88;陳尊祥:〈杜虎符眞僞考辨〉,《文博》1985 年第六期,頁 25~29;王輝:〈杜虎符〉,《秦漢銅器銘文編年集釋》,西安:三秦出版社,1990 年 7 月,頁 38~40;曾維華:〈秦國杜虎符鑄造年代考〉,《學術月刊》1998 年第五期,頁 79~80。
C	《杜虎符》與《新郪虎符》年代爲同一時期,即早於詔版二、三十年的昭王之世。	戴應新	戴應新:〈秦杜虎符的眞僞及其有關問題〉,《考古》1983 年第十一期,頁 1012~1013。

D	《杜虎符》文字、形制均與新郪符相似，年代亦當接近。	李學勤	李學勤：《東周與秦代文明》，上海：上海人民出版社，2007年11月，頁146。
E	《杜虎符》爲秦惠文君稱王前物，其與秦封宗邑瓦書時代相近。	李學勤	李學勤：〈秦四年瓦書〉，《李學勤學術文化隨筆》，北京：中國青年出版社，1999年1月，頁335。

　　上述諸說，陳直先生之說以虎符「右在國君，左在將領」的慣例驗之，實誤，長安君成蟜若持符帶兵，則應掌左符爲確，則「右才（在）君」之「君」非爲長安君成蟜甚明〔註340〕。E 說《杜虎符》與秦封宗邑瓦書時代相近，陳直先生定秦封宗邑瓦書爲秦惠文君四年（西元前334）之物，李學勤先生從之〔註341〕，則 E、B 二說同樣將虎符時代定爲秦惠文君稱王之十三年間之物。至於 C、D 二說同樣以文字寫法風格認爲《杜虎符》與《新郪虎符》年代應是相近的。值得注意的是 C 說提出個別字例寫法的比較，並指出戰國時代「君」、「王」之稱互通，將時代訂爲昭王之世〔註342〕。陳昭容先生對秦國「君」、「王」、「皇帝」作了討論，認爲：

> 君主自稱「君」、「王」、「皇帝」有其特別政治意義，不能認爲是稱謂互通。否則惠文君何必於十三年四月「稱王」？戰國時期，各國紛紛稱「王」，與周室名存實亡有關，史書上對於各國稱王之事詳加記載，也絕非毫無意義。秦惠文君既已稱王，不太可能在經歷武王、昭王、莊襄王之後，到了秦王政時期，又回頭自稱君〔註343〕。

按，陳昭容先生的意見可從，筆者贊同最多學者所認爲的 B 說，《虎符》銘文的「君」字應是有實際指稱意義的，故「君」指秦惠文君，《史記・秦本紀》：「孝公卒，子惠文君立」，下云：「惠文君元年」，《史記・六國年表》：「十三年四月戊午，君稱王」、「十四年初更元年」。《史記・周本紀》：「顯

〔註340〕　參朱捷元：〈秦國杜虎符小議〉，《西北大學學報（哲學社會科學版）》1983年第一期，頁55，最早對陳直先生的意見提出討論，認爲「君」爲長安君成蟜不可從。
〔註341〕　陳直：〈考古論叢：秦陶券與秦陵文物〉，《西北大學學報（人文社會科學版）》1957年第一期：李學勤：〈秦四年瓦書〉，《李學勤學術文化隨筆》，北京：中國青年出版社，1999年1月，頁334。
〔註342〕　戴應新：〈秦杜虎符的真偽及其有關問題〉，《考古》1983年第十一期，頁1013。
〔註343〕　陳昭容：〈戰國至秦的符節——以實物資料爲主〉，《中央研究院歷史語言研究所集刊》第66本第一分，台北：中央研究院歷史語言研究所，民國84年3月（1995年3月），頁327～328。

王四十四年，秦惠王稱王」，上述《史記》引文皆爲惠文君先稱「君」後更元爲「王」之證，則《杜虎符》則做於惠文君稱王之十三年間，即西元前337～325年爲確。

〔2〕《杜虎符》出土地西安省郊區山門口公社北沈家橋村，據《春秋左傳集解》魯襄公二十四年，范宣子曰：「昔匄之祖在周爲唐、杜氏。」杜預注：「唐、杜兩國名，殷末，豕韋國於唐。周成王滅唐，遷之於杜爲杜伯。……杜，今京兆杜縣」〔註344〕《史記‧秦本紀》：「秦武公十一年，初縣杜」〔註345〕，《括地志‧雍州》：「下杜故城，蓋宣王殺杜伯以後，子孫微弱，附於秦，及春秋後武公滅之爲縣。漢宣帝時修杜之東源爲陵曰杜陵縣，更名此爲下杜城」〔註346〕，則出土地東南一公里是下杜城，是周時的杜伯國，秦時的杜縣。〔註347〕

〔3〕見器號28〈新郪虎符〉註〔四〕。

〔4〕見器號28〈新郪虎符〉註〔五〕。

【斷代及國別】

秦器

【相關研究文獻】

1、陳直：〈秦兵甲之符考〉，《西北大學學報》1979年第一期，頁72。

2、黑光：〈西安市郊發現秦國杜虎符〉，《文物》1979年第九期，頁93～94。

3、馬非百：〈關於秦國杜虎符之鑄造年代〉，《史學月刊》1981年第一期，頁20～21。

4、王敏之：〈杜陽虎符與錯金銅豹〉《文物》1981年第九期（總三〇四期），頁62。

5、羅福頤：〈杜陽虎符辨僞〉，《文物》1982年第三期，頁62。

6、朱捷元：〈秦國杜虎符小議〉，《西北大學學報（哲學社會科學版）》1983年第一期，頁53～55。

7、羅福頤：《商周秦漢青銅器辨僞錄》，香港：香港中文大學中國文化研究所，吳

〔註344〕〔晉〕杜預：《春秋左傳集解》（臺北：新興書局，1989年），卷十七，頁9，總頁248。

〔註345〕〔漢〕司馬遷著、〔日〕瀧川龜太郎注：《史記會注考證‧秦本紀》（臺北：萬卷樓出版社，1993年8月），頁17，總頁93。

〔註346〕（唐）李泰等著，賀君次輯校：《括地志輯校》（北京：中華書局，2005年2月），頁10。

〔註347〕關於詳細的地望考證，參陳尊祥：〈杜虎符眞僞考辨〉，《文博》1985年第六期，頁26～27。

多泰中國語文研究中心，1981 年 11 月。

【案】本書附《商周秦漢銅器銘文辨僞補遺》論杜虎符爲僞器，頁 49～51。

8、戴應新：〈秦杜虎符的眞僞及其有關問題〉，《考古》1983 年第十一期，頁 1012～1013。

9、胡順利：〈關于秦國杜虎符的鑄造年代〉，《文物》1983 年第八期，頁 88。

10、陳尊祥：〈杜虎符眞僞考辨〉，《文博》1985 年第六期，頁 25～29。

11、王輝：〈杜虎符〉，《秦漢銅器銘文編年集釋》，西安：三秦出版社，1990 年 7 月，頁 38～40。

12、許英才：〈秦漢虎符述略〉，《中華學苑》第四十三期，台北：國立政治大學中文系，1993 年 3 月，頁 79～110。

13、湯餘惠：〈杜虎符〉，《戰國銘文選·符節》，長春：吉林大學出版社，頁 53。

14、曾維華：〈秦國杜虎符鑄造年代考〉，《學術月刊》1998 年第五期，頁 79～80。

15、陳昭容：〈戰國至秦的符節——以實物資料爲主〉，《中央研究院歷史語言研究所集刊》第 66 本第一分，台北：中央研究院歷史語言研究所，民國 84 年 3 月（1995 年 3 月），頁 305～366。

【備註】

在《杜虎符》的相關研究問題上，辨僞是除了斷代之外的一大焦點，羅福頤先生力主爲僞器，認爲一、銘文稱「右在君」，認爲在秦統一天下前君主無稱「君」之例；二、銘文的行款爲由虎頸自左向右，橫行書寫，與其他傳世虎符不同；三、《杜虎符》爲站立，與其他虎符的跪坐姿勢不同，四、《杜虎符》作「兵甲之符」，與其他虎符作「甲兵」不同〔註 348〕。但羅先生的觀點陸續有學者提出討論〔註 349〕，認爲其論點並不足以成爲《杜虎符》爲僞器的確證，綜合目前學者們的研究來看，《杜虎符》是眞品應是可信的。

〔註 348〕參羅福頤：《商周秦漢青銅器辨僞錄》，香港：香港中文大學中國文化研究所，吳多泰中國語文研究中心，1981 年 11 月，頁 49～51。

〔註 349〕相關的研究，可參本節【相關研究文獻】，及《著錄篇》之〈先秦符節研究文獻要目〉。

【器號】30

【器名】櫟陽虎符

【器形及說明】

圖版引自劉雨、汪濤：《流散歐美殷周有銘青銅器集錄》，上海：上海辭書出版社，2007 年 10 月，頁。

　　器形成伏虎之狀，今僅存左半，銘文存六字。

【出土地】

　　不詳

【典藏地】

　　吳大澂舊藏，英國倫敦富士比拍賣行曾列入拍賣（1941 年 4 月）〔註 350〕。

【著錄】

《集成》器號	未收
著　　錄	《英國倫敦富士比行拍賣檔案》，1941 年 4 月，24，頁 320。
	劉雨、盧岩：《近出殷周金文集錄》第四冊，北京：中華書局，2002 年 9 月，器號 1256，頁 297。
	劉雨、汪濤：《流散歐美殷周有銘青銅器集錄》，上海：上海辭書出版社，2007 年 10 月，器號 350，頁 350。

【釋文】

　　〔甲兵之符，右在〕[1]

〔註 350〕劉雨、盧岩：《近出殷周金文集錄》第四冊，北京：中華書局，2002 年 9 月，器號 1256，頁 297。

皇帝，左在樂（櫟）陽〔2〕

【註釋】

〔1〕因虎符僅存其左半，銘文僅存六字，據《陽陵虎符》、《杜虎符》等秦代虎符銘文文例，可據以補「甲兵之符右在」六字。

〔2〕樂陽，北魏有置樂陽縣、南朝陳有樂陽郡〔註351〕，皆與虎符鑄造年代不合。按，秦代地名有「櫟陽」，《史記・秦本紀》：「獻公即位，鎮撫邊境，徙治櫟陽，且欲東伐，復繆公之故地，修繆公之政令。寡人思念先君之意，常痛於心。」則秦獻公嘗徙治都於櫟陽；《史記・項羽本紀》：「項梁嘗有櫟陽逮，乃請蘄獄掾曹咎書抵櫟陽獄掾司馬欣，以故事得已。」、「長史欣者，故為櫟陽獄掾，嘗有德於項梁；都尉董翳者，本勸章邯降楚。故立司馬欣為塞王，王咸陽以東至河，都櫟陽」楚漢相爭之際項羽曾立長史司馬欣為塞王，都櫟陽；《史記・高祖本紀》：「漢王之敗彭城而西，行使人求家室，家室亦亡，不相得。敗後乃獨得孝惠，六月，立為太子，大赦罪人。令太子守櫟陽，諸侯子在關中者皆集櫟陽為衛。」、「病愈，西入關，至櫟陽，存問父老，置酒，梟故塞王欣頭櫟陽市。」，司馬欣後為漢高祖所殺，梟首於櫟陽街市〔註352〕。而櫟陽故地在今陝西省臨潼縣東北武屯鎮附近古城村南〔註353〕。

【斷代及國別】

秦

【相關研究文獻】

1、劉雨、盧岩：《近出殷周金文集錄》第四冊，北京：中華書局，2002 年 9 月，器號 1256，頁 297。

2、劉雨、汪濤：《流散歐美殷周有銘青銅器集錄》，上海：上海辭書出版社，2007年 10 月，器號 350，頁 350。

〔註351〕魏嵩山主編：《中國歷史地名大辭典》（廣東：廣東教育出版社，1995 年 5 月），頁 316。

〔註352〕〔漢〕司馬遷著、〔日〕瀧川龜太郎注：《史記會注考證》（臺北：萬卷樓出版社，1993 年 8 月），〈秦本紀〉，頁 50，總頁 101；〈項羽本紀〉，頁 3，總頁 140、頁 37～38，總頁 149；〈高祖本紀〉，頁 49，總頁 172、頁 59，總頁 174。

〔註353〕魏嵩山主編：《中國歷史地名大辭典》（廣東：廣東教育出版社，1995 年 5 月），頁 752。

【餘論】先秦符節辨僞——《東郡虎符》、《秦王命虎節》、《秦甲兵之符》、《龍節》、《阱者䪎節》、《陽陵虎符》

　　除了上述所彙編校釋的三十個先秦符節，本文也有必要對見於前人著錄，而疑爲僞器故不收錄於彙編校釋正文的器物進行考論，共有《東郡虎符》、《秦甲兵之符》、《秦王命虎節》、《龍節》、《阱者䪎節》、《陽陵虎符》六器，下文將分別對器物進行簡述，並提出學者的考論，討論其辨僞。

一、東郡虎符

　　關於《東郡虎符》的基礎背景，王輝先生作了詳細的論述：

　　　陝西省周至縣文管所在解放初（約 1952 年）徵集有一套兩枚虎符。
　　　符作臥虎形，長 9.5、高 4.5 釐米。左右兩符同銘，錯金書，但右符
　　　有的字已剷去，左符則較爲清晰。據周至縣文化館路毓賢同志説，
　　　符爲原負責同志徵集，而該同志已辭世。又文革中該所檔案散失嚴
　　　重，故出土地點，繳獻者及徵集經過已無法確知。因其出土情況不
　　　明，字又有剷痕，加之有錯字，有些同志便以爲僞器，不予重視，
　　　故國內至今未見著錄〔註354〕。

《東郡虎符》的器形與文字摹本如下：

〔註354〕王輝：〈周秦器銘考釋（五篇）〉，《考古與文物》1991 年第六期，頁 79。

器形〔註355〕：

文字摹本〔註356〕：

銘文通讀：

　　甲兵〔之符〕□□
　　皇帝**信**杜（在）東郡〈左符〉
　　甲兵之符**坐**才（在）
　　〔皇帝〕□□□□〈右符〉
而對《東郡虎符》辨偽做出討論的，有羅福頤、王輝、王關成、陳昭容諸位

〔註355〕引自王關成：〈再談東郡虎符辨偽〉，《考古與文物》1995年第二期，頁60。
〔註356〕王輝：〈周秦器銘考釋（五篇）〉，《考古與文物》1991年第六期，頁80。

【餘論】先秦符節辨偽——《東郡虎符》、《秦王命虎節》、
《秦甲兵之符》、《龍節》、《陳者牘節》、《陽陵虎符》

先生都有專文論之〔註357〕，羅福頤先生其主要論點如下：

> 秦器中還有虎符，近見亦有偽品，只是作品太劣，與眞品對照，其
> 偽立見。今將其偽品照片列下。上爲秦陽陵虎符眞品，下民國初年
> 估人偽造品，從形制銘文上都有錯誤。〔註358〕

但羅福頤先生並沒有進一步說明其偽爲何。

而王輝先生提出討論，如《東郡虎符》左符銘文的「**杜**」應爲「在」字誤寫，右符銘文「甲兵之符**右**皇帝」的「**右**」應爲「右」字誤寫〔註359〕。陳昭容先生也提出甲字作「**中**」，中間豎畫不出頭，唯傳寫之會稽刻石及《說文》小篆作「**中**」，與秦漢間金石文字所見皆異；而右符銘文「在」寫作「**中**」，亦爲古文字中所未見者。

然而銘文的左右倒置是《東郡虎符》銘文最大的錯誤，兵符未有「左在皇帝」之例，左符「**右**杜（在）東郡」的銘文，相對於「左在皇帝」，則「**右**」應是「右」字。《東郡虎符》銘文「左在皇帝」、「右在東郡」不是字形點畫上的錯誤，而是左右倒置，不合體例的錯〔註360〕。

從上述討論來看，銘文字形上的刻寫錯誤再三，對做爲軍事信憑物的《虎符》來說是很大的疏漏，加之銘文的相互倒置，《東郡虎符》宜列爲偽器論之。

二、秦王命虎節

收錄於劉體智《善齋吉金錄・符牌錄》〔註361〕，其器形作：

〔註357〕羅福頤：《商周秦漢青銅器辨偽錄》，香港：香港中文大學中國文化研究所，吳多泰中國語文研究中心，1981 年 11 月，頁 35～36；王輝：〈周秦器銘考釋（五篇)〉，《考古與文物》1991 年第六期，頁 75～81；王關成：〈東郡虎符考〉，《考古與文物》1995 年第一期，頁 64～65；王關成：〈再談東郡虎符辨偽〉，《考古與文物》1995 年第二期，頁 60～62；陳昭容：〈戰國至秦的符節——以實物資料爲主〉，《中央研究院歷史語言研究所集刊》第 66 本第一分，台北：中央研究院歷史語言研究所，民國 84 年 3 月（1995 年 3 月），頁 305～366。

〔註358〕羅福頤：《商周秦漢青銅器辨偽錄》，香港：香港中文大學中國文化研究所，吳多泰中國語文研究中心，1981 年 11 月，頁 35～36。

〔註359〕王輝：〈周秦器銘考釋（五篇)〉，《考古與文物》1991 年第六期，頁 80。

〔註360〕陳昭容：〈戰國至秦的符節——以實物資料爲主〉，《中央研究院歷史語言研究所集刊》第 66 本第一分，台北：中央研究院歷史語言研究所，民國 84 年 3 月（1995 年 3 月），頁 337～338。

〔註361〕劉體智：《善齋吉金錄》（上海：上海圖書館，1998 年）卷十三，頁 2。

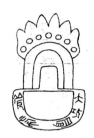

器形為獸頭形，劉體智言「下乃虎頭，蓋為虎節」。上有「王命」二字甚明，背後有銘文：

由右上至下釋讀為「大攻君」，其中「」字常見於戰國三晉兵器，可讀為「尹」，文例作「大攻君」或「冶君」，為主管兵器鑄作之官職，其字形與上舉銘文相符。而楚國亦有「大攻尹」之官，見於《鄂君啓節》，亦為主製作鑄造之官，其「尹」字作「」，與「」相異。至於左上銘文二字，則暫存疑。

從銘文來看，已釋讀的句例與字形與戰國三晉兵器相合，但與秦代之物不合，則應非為秦物，或有可能是戰國三晉之器，但其器形亦僅此一件，姑列存疑待釋。

三、秦甲兵之符

收錄於劉體智《善齋吉金錄·符牌錄》〔註362〕，其器形作：

陳昭容先生對此符有詳述：

> 此物從白描圖形來看，虎之四肢直立，但形體萎靡，與杜符、新郪、

〔註362〕劉體智：《善齋吉金錄》（上海：上海圖書館，1998年）卷十三，頁4。

> 陽陵諸符全不相類。符陰胸頸處有三角接榫，銘文「甲兵之符左□」，
> 刻於符陰（内部剖面），此爲歷代兵符所未見之制，且銘文字體柔弱，
> 格式亦不相類，其爲僞符大概可以確定。〔註363〕

按，陳昭容先生的意見可從之，此《秦甲兵之符》應爲僞器。

四、龍　節

收錄於鄒安《周金文存》〔註364〕，共有兩器，其器形作：

器號 A　　　　器號 B

鄒安於 A、B 二器旁自言：「龍節二一有東周字」、「此有東周字銘文同前」
兩語，器形下部有握棒，上部疑爲龍首形，此一器形除此二器外不見其他器。
除《周金文存》亦不見其他專書著錄，也不詳現藏何處。但此器形與目前所
能見之戰國節器差異甚大，從搨本看又無法清楚得知原器形爲何。從著錄及
器形來看，爲考慮此二器眞僞的可疑之處。

另外值得注意的是銘文的内容和文字的寫法，先將 A、B 二器銘文整理如
下表：

文字編號	1	2	3	4
器號 A				
器號 B				

從銘文對比可知，A、B 二器編號 3 之字爲同字；編號 4 之字爲同字，從

〔註363〕陳昭容：〈戰國至秦的符節──以實物資料爲主〉，《中央研究院歷史語言研究
　　　　所集刊》第 66 本第一分，台北：中央研究院歷史語言研究所，民國 84 年 3
　　　　月（1995 年 3 月），頁 338。

〔註364〕鄒安：《周金文存》（台北：台聯國風出版社，1978 年元月），頁 128、129，
　　　　總頁 1207、1208。

二器器形相同，最末兩字相同，或可推測二器有相同的銘文。首先考察 B 器中 B1、B2 字，著錄者鄒安於 A 器搨本旁自言「龍節二一有東周字」其所說的「東周字」所指應該是 B 器的 B1 與 B2 二字，先看 B1 字形，金文「東」字作 ![東]（《明公尊》）、戰國文字作 ![東]（《包山》140）各分域間寫法差異不大，和 B1 字寫法確實相近，但 B1 字上部的橫畫與「田」形最上橫畫重疊，或可能是刻劃不精所致，釋為「東」或有所據。B2 字形，金文「周」字作 ![周]（《德方鼎》）、![周]（《盂鼎》）等形，下部都有加「口」形或不加「口」形的寫法，戰國文字作 ![周]（《包山》141）、![周]（《古璽彙編》0207）等形，各分域間寫法差異不大，和 B2 字寫法亦相近，釋為「周」有其道理。再看編號 3 的字，A、B 二器皆不清晰，字形上部疑為「艸」頭，右旁疑從「戈」旁，字形暫存疑。而最末編號 4 的字，以 B 器較為清晰，文字存疑待考。

　　若據 B 器銘文加以通讀，則可讀為「東周□□」，「東周」二字可能為持節者自名國別，目前還未見同樣形式內容的銘文，參考《齊大夫馬節》銘文：「齊節。大夫□五乘。」《齊大夫馬節》是不是自稱為「齊節」以自名國別仍無相關的確證，但先秦符節應當有用於國內、國外使用的不同，國內用於信憑、貿易、通關、調動軍隊；國外則如銜命出使代表國家，但從現今所見先秦符節有限的數量和器形來看，仍無法完整推定整體制度的樣貌。

　　而《周金文存》所收錄的這兩件龍節，從器形及銘文來考慮，筆者認為暫疑為偽器討論為佳，故討論於此。

五、阹者旃節

　　《阹者旃節》器形作〔註365〕：

〔註365〕引自中國社會科學院考古研究所編：《殷周金文集成》（修訂增補本）第八冊，器號 12093，頁 6591。

　　由器形搨本觀之，原器器形不詳，尾端較細疑爲棒狀可以手持，上端則應有雕飾延伸。銘文共計有四字。其出土地不詳，目前可知任氏爵齋舊藏，現藏中國社會科學院考古研究所〔註366〕，此器亦僅著錄於《殷周金文集成》。

　　爲析論其眞僞，筆者先對銘文予以考論，銘文可釋爲：「陎者旖節」。

　　《《殷周金文集成》釋文》釋爲「采者[盾]節」〔註367〕，第三字按原字形摹寫無釋。何琳儀先生釋爲「柘者旖節」，認爲是齊國之器。〔註368〕下文則將各字予以析論。

（一）

　　《《殷周金文集成》釋文》釋爲「采」，何琳儀先生釋爲「柘」。字形右旁爲「木」無疑，左旁釋讀爲何，則依上述二說論之。

　　首先看戰國文字「采」的寫法，「采」字於戰國文字並不多見，但楚簡有作（《郭店·性自命出》45）、（《上博（三）·恆先》8）。再參看古文字中從「爫」（爪）旁的寫法：

餘.4.1「爪」旁字形表

字形	孚	俘
偏旁		
出處	《庚壺》，《集成》卷十五，器號9733	《中山王䤜鼎》，《集成》卷五，器號2840
分域	齊系	三晉系

　　從上分析可見，字形左旁並不從「爫」，故釋爲「采」不可從。

　　何琳儀先生釋爲「柘」，《曾侯乙》39 簡有「柘」字作字形不清，摹本作〔註369〕，與寫法對照，筆者認爲釋爲「柘」恐有待商榷，在戰

〔註366〕中國社會科學院考古研究所編：《殷周金文集成》（修訂增補本）第八冊（北京：中華書局，2007 年），頁 6650。

〔註367〕中國社會科學院考古研究所編：《《殷周金文集成》釋文》（香港：香港中文大學出版社，2001 年 10 月），頁 770。

〔註368〕何琳儀：《戰國文字通論（訂補）》（江蘇：江蘇教育出版社，2003 年 1 月），頁 87。

〔註369〕引自張光裕、滕壬生、黃錫全主編：《曾侯乙墓竹簡文字編》（台北：藝文印書館，1997 年 1 月），頁 69 字頭 193。

國文字中「石」字或從「石」爲偏旁的字並不少見，試參照戰國文字中「石」的寫法：

餘.4.2「石」字字形表

字形						研
偏旁						
出處	《包山》80	《上博（二）·魯邦大旱》4	《侯馬》一九四：一	《古璽彙編》0266	《古璽彙編》3681	《古璽彙編》2606
分域	楚系		三晉系	齊系	燕系	

從上表可以發現，在各分域字形中，「石」做爲單字，都不會簡省「口」形的部件，接著考察從「石」爲偏旁的字：

餘.4.3 從「石」偏旁字形表

字形	磧	礫	礪	〔註370〕砥	砥	研
偏旁						
出處	《郭店·忠信之道》1	《上博（一）·紂衣》18	《魯大司徒子仲伯匜》,《集成》卷十六,器號10277	《十一年閏趙狽矛》,《集成》卷十七,器號	《古璽彙編》2018	《古璽彙編》2606
分域	楚系		齊系	三晉系		燕系

由各系從「石」偏旁的字形來看，構形呈上下式的字通常省略了「石」旁的「口」形，而構形呈左右式的字，「石」的「口」形依然會保留下來，值得注意的是《清華簡·祭公》簡 13、14、18 有 字三見，摹本作 ，整理者隸定作「碣」讀爲「厚」〔註371〕，則是從上下式構形「石」旁「口」形不

〔註370〕摹本引自湯志彪：《三晉文字編》（吉林大學古籍研究所博士論文，2009 年 12 月），頁 592。

〔註371〕清華大學出土文獻研究與保護中心：《清華大學藏戰國竹簡（壹）》（上冊）（上海：中西書局，2011 年 1 月），頁 105；釋文見《清華大學藏戰國竹簡（壹）》

省的例子。筆者認爲██旁是否釋爲「石」是可以重新考慮的。而戰國文字「阜」
與██的寫法相合：

餘.4.4「阜」旁字形表

字形	██陵	██陽	██隥	██陳	██陸	██防
偏旁	██	██	██	██	██	██
出處	《楚帛書·甲篇》3.6	《包山》96	《侯馬》一五六：二〇	《古璽彙編》1452	《邾公鐘》，《集成》卷一，器號102	《古璽彙編》2326
分域	楚系		三晉系		齊系	燕系

　　由上表可見，將██釋爲「阜」應是可信的。而在《包山》185 簡中有██
字（下文隸定爲「陎」），寫法與██相合，在《包山》185 簡中的文例是：

　　　　甲晨（辰），君夫人之券陎周迟。〔註372〕

關於本簡文的性質歸類，原整理者認爲接受訞告的對象均爲前述案件審理的
負責官員，被訞告者均爲人名、地名與時間，格式爲某時某地某人，而此組
簡當是各級司法官員經手審理或複查過的訴訟案件的歸檔登記〔註373〕。陳
偉先生稱爲「所訞」類〔註374〕，並認爲簡 162～196 在所「訞」於某某官員
之後記列的日期與人名，乃是左尹委派屬員辦處有關告訴的時間和告訴提出
人。這些簡當是左尹關於這項工作的紀錄〔註375〕。細讀簡文，「甲晨（辰）」
確爲時間無疑，「君夫人之券陎周迟」一語，「君夫人」應是指封君夫人，而
「券陎」的釋讀對比其他簡文的文例：

　　　　　（下冊），摹本頁 209：考釋頁 177。

〔註372〕陳偉：《楚地出土戰國簡冊〔十四種〕》（北京：科學經濟出版社，2009 年 9
　　　　月），頁 80。

〔註373〕湖北省荊沙鐵路考古隊：《包山楚簡》（北京：文物出版社，1991 年 10 月），
　　　　頁 11。

〔註374〕陳偉：《包山楚簡初探》（武昌：武漢大學出版社，1996 年 8 月），頁 33。

〔註375〕陳偉：《包山楚簡初探》（武昌：武漢大學出版社，1996 年 8 月），頁 65。

餘.4.5《包山》楚簡文例表

文　　例	封君／官名	介詞	地名／官名	人名	釋　　讀
下蔡人競屨（簡163）			下蔡	競屨	下蔡的居民競屨
鄂君之人利吉（簡164）	鄂君	之		利吉	鄂君的人民利吉
聖夫人之郜邑人罍（簡179）	聖夫人	之	郜邑	罍	聖夫人（屬地）郜邑的人民罍
邵上之州加公鄔（簡181）	邵上	之	州加公	鄔	邵上的（官員）州加公鄔
邸易（陽）君之某斂（簡185）	邸易（陽）君	之		某斂	邸易（陽）君的（人民）某斂

　　據上述幾條簡文文例可以發現，封君、官名後的介詞「之」，承接的幾個情況是：

　　　　「人」字＋人名：（之）人利吉

　　　　地名＋「人」字：郜邑人

　　　　官名＋人名：州加公鄔

　　　　人名：某斂。

　　由此則可推知「券阦」並非地名，而可能是人名。進一步來看，「券」字在《包山》165簡用作人名：「舟斩公券」。而「券阦」後的「周迟」李家浩先生認爲是人名〔註376〕，甚確。筆者認爲應將「券阦」和「周迟」斷讀爲兩個人名，兩人皆爲被誣告者。

　　而符節銘文的 ▨ 字則隸定爲「阦」，與下字「者」字連讀爲「阦者」。

（二）▨

　　《《殷周金文集成》釋文》、何琳儀先生釋爲「者」，參看戰國文字中幾個「者」字的寫法：

〔註376〕李家浩：〈信陽楚簡中的「柿枳」〉，《簡帛研究》第二輯（北京：法律出版社，1996年9月），頁7。

餘.4.6「者」字字形表

字形							
出處	《包山》27	《郭店・成之聞之》3	《上博（一）・孔子詩論》1	《郭店・五行》44	《十四年陳侯午敦》，《集成》卷九，器號4647	《古璽彙編》0153	《陶文圖錄》2.144.3
分域	楚系				齊系		

字形					
偏旁					
出處	《侯馬》一五六：一	《坪安君鼎》，《集成》卷五，器號2793	《中山王𧥻鼎》，《集成》卷五，器號2840	《古璽彙編》0050	《郾王職劍》，《集成》卷十八，器號11634
分域	三晉系			燕系	

的寫法與《古璽彙編》0153、《陶文圖錄》2.144.3 等齊系「者」字相合，故釋爲「者」爲確，寫法帶有齊系特色。

（三）

字形隸定從「㫃」從「百」，戰國文字中從「㫃」旁的寫法各分域間差異不大，作下述等形：

餘.4.7「㫃」旁字形表

字形						
偏旁						
出處	《曾侯乙》142	《滕侯蘇盨》，《集成》卷九，器號4428	《陳喜壺》，《集成》卷十五，器號9700	《古璽彙編》2386	《中山王𧥻鼎》，《集成》卷五，器號2840	《古璽彙編》0369
分域	楚系	齊系		三晉系		燕系

「百」銘文寫作，隸定作「百」，則本字可隸定爲「旙」，但讀法待考。

（四）

先看各系「節」字的寫法以明其字形分域國別：

餘.4.8「節」字字形表

字形					
出處	《鄂君啓車節》，《集成》卷十八，器號12112	《郭店‧成之聞之》26	《上博（一）‧性情論》12	《上博（四）‧曹沫之陳》44	《上博（五）‧姑成家父》6
分域	楚系				

字形					
出處	《中山王譽方壺》，《集成》卷十五，器號9735	《陳純釜》，《集成》卷十六，器號10371	《子禾子釜》，《集成》卷十六，器號10374	《中國貨幣大辭典‧先秦編》394	《齊幣圖釋》58
分域	三晉系（中山國）	齊系			

考察上表各系的「節」字寫法可以發現，銘文上部所從爲 ，與「艸」頭相類，而與各系字形上部皆所從之「竹」頭明顯相異，目前戰國文字尚未見上部從「艸」頭之「節」字，此或疑爲製作僞器者不明文字構形而出現的誤刻。

《殷周金文集成》言此器未見前人著錄，並認爲此器「或疑僞刻」〔註377〕裘錫圭先生也說：

> 《殷周金文集成》所收之器的數量遠超過《金文總集》等書，但是對資料的去取也有一些問題。以此書最後印出的第十八冊的最後一部分，份量不多的"符節類銘文"而言，就漏收了中國歷史博物館已收藏多年且曾公開陳列過的、有很高研究價值的"弁（偏）將軍信節"，但像所謂"采者節"（該書12093號）那樣的明顯的僞器卻反而收入了。〔註378〕

〔註377〕中國社會科學院考古研究所編：《殷周金文集成》（修訂增補本）第八冊（北京：中華書局，2007年），頁6650。

〔註378〕裘錫圭：〈推動古文字學發展的當務之急〉，原文刊載於《學術史與方法學的省思——中央研究院歷史語言研究所七十周年研討會論文集》，中央研究院歷史語言研究所，2000年12月。後轉載於復旦大學出土文獻與古文字研究中心網站 http://www.gwz.fudan.edu.cn/SrcShow.asp?Src_ID=210，2007年12月。

從目前所見金文相關著錄書籍來看，確實未見前人著錄，又從銘文的內容格式來看，亦無其他格式相似的符節器，綜上對於銘文、器形形制的討論，故本文將此器列入附錄，以偽器考論之。

六、陽陵虎符

《陽陵虎符》器形搨本〔註379〕作：

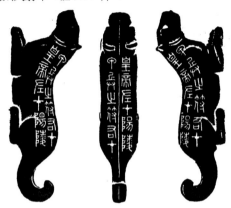

王國維云：「長漢初尺四寸許，左右二符膠固為一，金錯篆書，文各十二。」〔註380〕器形為伏虎之狀，與《新郪虎符》相類，銘文左右各十二字，共計二十四字。

其流傳的狀況，《秦金石刻辭》言上虞羅氏藏；《金文分域編》言出土於山東省嶧縣臨城〔註381〕。現藏中國國家博物館〔註382〕《陽陵虎符》的著錄狀況可見下表：

此條資料蒙高佑仁學長提示，於此特申謝忱。

〔註379〕引自容庚：〈陽陵兵符〉，《秦漢金文錄》卷一（台北：中央研究院歷史語言研究所，1992 年 10 月景印一版），頁 40。

〔註380〕王國維：〈秦陽陵虎符跋〉，《觀堂集林》卷十八，史林十（台北：河洛圖書出版社，1975 年 3 月），頁 904。

〔註381〕羅振玉：《秦金石刻辭》，輯入《羅雪堂先生全集》六編第二冊，台北：台灣大通書局，1976 年，卷二，頁 7；柯濟昌：《金文分域編》（民國 24 年（1935）《餘園叢刻》本）卷九，頁 7，收入徐蜀主編：《國家圖書館藏金文研究資料叢刊》第二冊（北京：北京圖書館出版社，2004 年），總頁 556。

〔註382〕現藏地見劉雨、盧岩：《近出殷周金文集錄》第四冊，北京：中華書局，2002 年 9 月，頁 1255。

《集成》器號	未收
著　　錄	羅振玉：〈秦甲兵虎符〉，《歷代符牌圖錄》，1914 年，頁 1。
	羅振玉：〈甲兵虎符〉，《秦金石刻辭》1914 年，卷二，頁 7。
	羅振玉：〈甲兵虎符〉，《鄣郭草堂吉金圖》卷中，1917 年，頁 26。
	羅福頤：〈陽陵虎符〉，《待時軒傳古別錄》，1928 年，頁 2 左。
	容庚：〈陽陵兵符〉，《秦漢金文錄》，1931 年，卷一，頁 40。
	劉體智：〈秦陽陵虎符〉，《小校經閣金石文字》，1935 年，卷十四，頁 89。
	王輝：〈陽陵虎符〉，《秦銅器銘文編年集釋》，西安：三秦出版社，1990 年 7 月，頁 106。
	劉雨、盧岩：《近出殷周金文集錄》第四冊，北京：中華書局，2002 年 9 月，器號 1255，頁 295。

而其銘文作：

　　甲兵之符，右在皇帝，左在陽陵。

王國維先生對《陽陵虎符》有詳細的討論，如其考《陽陵虎符》不合漢制，應為秦虎符之因有五：

　　　　一、今傳世漢虎符，其文皆云與某郡守或太守為虎符，與符文絕不同，又陽陵乃縣名，非郡國名，無與為虎符之理。

　　　　二、今傳世漢符，肋下皆有某郡左幾某國右幾字，皆記數字，此符無之。

　　　　三、漢符傳世者，其文刻於脊上，合之而後可讀，如周官傅別之制，此符左右文同，皆在脊左右，如周官質劑之制。

　　　　四、今傳世漢符皆係錯銀，此符獨用金錯。

　　　　五、此符字畫頗肥，而所錯之金極薄，幾與以泥金書者相等，若漢世金錯器，如莽幣一刀平五千之一刀二字，則字細而金厚。〔註383〕

又舉為秦符之證四：

　　　　一、陽陵侯傅寬為漢初高祖所封之功臣，足證高祖時已有陽陵，其因秦故名，蓋無可疑。

　　　　二、此符字數左右各十二字，共二十四字，皆為六之倍數，案史記秦始皇本紀稱數以六為紀，故秦一代刻石有韻之文，皆用六之倍數。

〔註383〕王國維：〈秦陽陵虎符跋〉，《觀堂集林》，史林十（台北：河洛圖書出版社，民國 64 年 3 月（1975）），卷十八，頁 904～905。

三、文字謹嚴寬博，骨勁肉豐，與泰山琅邪臺刻石大小雖異，而體
　　勢正同，非漢人所能彷彿。

四、案秦漢虎符右常在內，左常在外，則其左右二符合併之故。此
　　符雖不復用，亦必藏之故府，爲國重器，合置既久，中生鏽澀，
　　遂不可開。否則右符既不常在外，左符亦無入京師之理。〔註384〕

按王國維先生共舉上述九證，論之甚詳，理可從之。

　　陽陵的地望一說爲西漢景帝劉景墓，在今陝西省咸陽市東北〔註385〕。但
如王國維先生所說《史記・傅靳蒯成列傳》中高祖已封陽陵侯傅寬，則陽陵
應承秦故地得名，以此論之，其地望仍待考證。

　　而《陽陵虎符》由王國維先生考辨爲秦器以來，學者皆從之，銘文與《新
郪虎符》、《杜虎符》相較雖簡略，但《陽陵虎符》的眞偽性卻無前輩學者專
門論及。潘路、姚青芳兩位先生針對《陽陵虎符》進行科學性研究，對器物
的成分進行分析，發現了下述幾點科學研究成果：

　　一、其鉛錫含量太低，這不僅與大多數先秦時期青銅器的組成明顯不同，
也與高超的秦代金屬冶鑄工藝不相稱。

　　二、對器物上的鏽蝕進行仔細觀察，發現有綠鏽（碱式碳酸銅）在紅色
的氧化亞銅之下，而腐蝕機理指出，青銅器表面最易生成的是紅色的氧化亞
銅，這表明陽陵虎符表面的鏽蝕不是自然形成的。

　　三、虎符表面上的金字爲貼金，並未採用當時流行的錯金工藝。或許器
物剛鑄成時，因器型不甚理想，又進行了加工，致使虎符表面布滿大大小小
硬器敲砸痕跡，而金字就在這凹凸不平的表面上下爬行，金字脫落部分的銅
體平整，無任何錯金的槽痕〔註386〕。

　　若以上述三點主要的科學研究證據與王國維先生所舉九證相較，針對器
物組成成分及鏽蝕現象的研究，或正如以放射性元素定年來推定竹簡年代一
樣，科學的研究的技術可發古人所未發，對古文物的研究無疑具有相當程度
的可靠性，《陽陵虎符》確有是偽器的可能性，故於此列入餘論，予以析論。

〔註384〕王國維：〈秦陽陵虎符跋〉，《觀堂集林》，史林十（台北：河洛圖書出版社，
　　　　民國64年3月（1975）），卷十八，頁905～906。
〔註385〕魏嵩山主編：《中國歷史地名大辭典》（廣東：廣東教育出版社，1995年5月），
　　　　頁469。
〔註386〕潘路、姚青芳：〈陽陵虎符的科學研究〉，《科技考古論叢》第三輯，2003年8
　　　　月，頁96～98。

第四章　先秦符節綜論

　　本文第二章對符、節的名義、形制及其演變作整體的論述，非僅限於先秦符節的部分，而第三章對先秦符節進行彙編校釋逐器考論，因限於行文體例，尚未對各先秦符節間作橫向的聯繫比較及對銘文、國別、形制等重要問題進行綜合論述，因此本文第四章將結合上述對於先秦符節的討論基礎，針對文字考釋及銘文特色、形制及國別，制度等各方面加以詳論，對先秦符節作深入的闡發。

第一節　文字國別與器物形制

　　先秦符節傳世的器數和其他各類銅器數量相較，可謂「珍希」，器形也顯得精緻而小巧，故所記銘文亦字數精簡，語意也較濃縮精要，在釋讀上增加不少難度，而對於青銅器研究而言，銘文的釋讀必然是研究的重要課題之一，考釋文字則始知其文意，知其文意可明當時之制度。先秦符節所能見之銘文，多半約十字上下，少則兩字，如《鸞節》，多則如《鄂君啓節》之舟節、車節，甚至達百字之譜，釋讀亦具難度。單就銘文來看，字形的特色反映了器物的國別，為考訂器物國別不可忽視者；而從銘文考釋上看，部分單字的釋讀確有其難度，考釋的方法和思路，筆者亦提出一些看法。

一、符節銘文之國別特色

　　戰國文字的分域研究及分域特色的梳理，自李學勤先生〈戰國題銘概述〉提出齊、燕、三晉、兩周、楚、秦六個區分國別的概念〔註1〕；許學仁師的博

〔註 1〕 李學勤：〈戰國題銘概述（上）〉，1959 年第七期（總一〇七期），頁 50～54；
　　　　 李學勤：〈戰國題銘概述（中）〉，1959 年第八期（總一〇八期），頁 60～63；
　　　　 李學勤：〈戰國題銘概述（下）〉，1959 年第九期（總一〇九期），頁 58～62。

士論文《戰國文字分域與斷代研究》以東周、秦國、齊國、楚國、晉國、燕國分域而對各分域器物進行編年〔註2〕；何琳儀先生《戰國文字通論》以齊、燕、晉、楚、秦五系對各分域的器物進行研究〔註3〕，在前輩學者的研究成果累積之下，戰國文字有其區域及國別特色已是研究者的共識，目前普遍以齊、燕、三晉、楚、秦做爲分域的基礎，各分域的文字研究都有相當可觀的相關研究論著，研究的深度及細膩度自然是後出而轉精。先秦符節的國別分域如何琳儀先生《戰國文字通論》就指出了《節節》、《乘虎符》、《麿殿》、《猶節》、《馬節》、《熊節》、《柘者旃節》、《辟大夫虎節》爲齊國之器；《鷹節》、《雁節》、《馬節》爲燕國之器；《鄂君啓節》、《龍節》、《虎節》爲楚國之器〔註4〕。前文第三章〈先秦符節彙編校釋〉對於各器之銘文作了分析及討論，而若將先秦符節各器的文字特色以分域國別來看，可整理出一表如下〔註5〕。至於秦代的虎符字體則明顯爲秦小篆，因此不列入以下討論的國別範圍：

4.1.1 先秦符節分域字形表

（一）齊　系

器　　名	節節	乘虎符	麿尸節		懋節	
具有齊系特色銘文						
釋　　文	節	乘	麿	尸	懋	節
銘文總字數	2	5	2		2	

器　　名	齊大夫馬節		亡縱熊符	陎者旃節
具有齊系特色銘文				
釋　　文	節	乘	乘	者
銘文總字數	7（合文1）		4	4

〔註2〕　許師學仁：《戰國文字斷代與分域研究》，台北：國立台灣師範大學國文研究所博士論文，1987年6月。

〔註3〕　何琳儀：《戰國文字通論》，北京：中華書局，1989年4月，頁77～183。

〔註4〕　何琳儀：《戰國文字通論（訂補）》，江蘇：江蘇教育出版社，2003年1月，頁87；102；149～150。

〔註5〕　對於各字不同分域間字形比較呈現，參第三章〈先秦符節彙編校釋〉各器所屬之章節。

器　　名	辟大夫虎符		偏將軍虎節	
具有齊系特色銘文	（字形）	（字形）	（字形）	（字形）
釋　　文	節	坏	節	坏
銘文總字數	10（合文1）		10（合文1）	

　　具有齊系特色的銘文寫法，以「節」、「者」和「乘」的寫法與其他各系的差異最爲明確，對於銘文精簡符節器而言，成爲斷定國別重要的標準。

（二）燕　系

器　　名	鷹節		雁節		騎傳馬節	
具有燕系特色銘文	（字形）	（字形）	（字形）	（字形）	（字形）	（字形）
釋　　文	帬	乍	帬	乍	騎	比
銘文總字數	11		11		4	

　　在銘文燕系文字中，「帬」、「乍」、「比」有很明確的分域特色，而「騎」字所從的馬旁，字形簡省的形式在各系寫法都有出現，但因簡省後馬頭的寫法還是與他系有異，因此列入具國別特色之字之一。

（三）楚　系

器　　名	王命龍節	王命虎節	鄂君啓節			
具有楚系特色銘文	（字形）	（字形）	（字形）	（字形）	（字形）	（字形）
釋　　文	遄	遄	歲	頫（夏）	臱（就）	胜
銘文總字數	8（重文1）	8（重文1）	《車節》重文一字、合文三字，共148字；《舟節》重文、合文各一字，共164	《車節》重文一字、合文三字，共148字；《舟節》重文、合文各一字，共164	《舟節》重文、合文各一字，共164	《舟節》重文、合文各一字，共164

　　楚系中「傳」寫作「遄」，字形右旁從「刀」是楚系寫法的特色。《鄂君啓節》中多個字形目前僅見於楚系材料，無法與他系材料進行比較，再加上

目前出土文獻材料以楚系材料居大宗，因此經常出現某字形目前僅見於楚文字的現象，上表舉出的楚系字形鬲、𦥑二字就僅見於楚系材料。

二、形制及用途分析

前文針對先秦符節的銘文羅列國別寫法的特色，而各國別中的符節器又有形制的差異，因此對先秦符節作「國別」、「器形形制」、「用途」等不同主題方向的表格整理，以啓交叉對比之效，再將對比呈現之資料進行分析。要說明的是，「器形形制」是以器物的外型作爲主要區分，再對其區分作更細的差異分目；「用途」則是以銘文所述爲依據，判定其用途，若銘文無法判定其用途，則以「不詳」暫存疑之，有待考釋。

（一）先秦符節國別、器形形制、用途整理表

4.1.2 先秦符節分域總表

分　域	器　　名	器形形制	用　　途	總計
齊系	節節	不明	不詳	12
	乘虎符	伏虎形，合符	不詳	
	鄝尿節	不明	不詳	
	憨節	不明	不詳	
	齊大夫馬節	馬形，有樺頭	疑貿易運輸用	
	亡縱熊符	熊形，有樺眼	疑貿易運輸用	
	雁節（一）	雁形	疑傳遞用	
	雁節（二）	雁形	疑傳遞用	
	鷹節（一）	鷹形	疑傳遞用	
	鷹節（二）	鷹形	疑傳遞用	
	辟大夫虎節	伏虎形，有樺眼	軍事認證用	
	偏將軍虎節	伏虎形，合符	軍事認證用	
燕系	騎傳馬節	馬形，有樺眼	疑傳遞用	1
楚系	王命虎節（一）	虎形，平版	傳遞用	13
	王命虎節（二）	虎形，平版	傳遞用	
	王命傳遽虎節	虎形，平版	傳遞用	
	王命龍節（一）	上端龍首形，長條狀	傳遞並飲食認證用	
	王命龍節（二）	上端龍首形，長條狀	傳遞並飲食認證用	
	王命龍節（三）	上端龍首形，長條狀	傳遞並飲食認證用	
	王命龍節（四）	上端龍首形，長條狀	傳遞並飲食認證用	

楚系	王命龍節（五）	上端龍首形，長條狀	傳遞並飲食認證用	13
	王命龍節（六）	上端龍首形，長條狀	傳遞並飲食認證用	
	鄂君啟車節（一）	竹片形，長條狀	貿易運輸用	
	鄂君啟車節（二）	竹片形，長條狀	貿易運輸用	
	鄂君啟車節（三）	竹片形，長條狀	貿易運輸用	
	鄂君啟舟節	竹片形，長條狀	貿易運輸用	
秦系	新郪虎符	伏虎形，合符	軍事認證用	3
	杜虎符	立虎形，合符	軍事認證用	
	櫟陽虎符	伏虎形，合符	軍事認證用	
西漢南越國	王命車馹虎節	虎形，平版	軍事認證用	1
				30

　　由上表可知，器物以國別而論齊、楚為最多，而器形最多元的為齊國之
器，隨著器形不同，用途也有所差異；楚國之器以《虎符》、《龍節》、《鄂君
啟節》三類為主，用途的區別也相當明顯。

　　而下文將各針對「器形形制」、「用途」製作表格統計，與總表交叉比對。

（二）器形形制分析

4.1.3 先秦符節器形統計表

器　　　形			數　　量	總　　計
虎　形	伏虎形	合　符	3	10
		有樺眼	1	
	立虎形	合　符	1	
	平　版		5	
馬　形	有樺頭		1	2
	有樺眼		1	
熊　形	有樺眼		1	1
雁　形			2	2
鷹　形			2	2
龍首形			6	6
竹片形			4	4
不　明			3	3
				30

　　參上表所整理出的各器器形，對比《周禮‧地官‧司徒第二‧掌節》：

掌節，掌守邦節而辨其用，以輔王命。守邦國者用玉節；守都鄙者用角節。凡邦國之使節，山國用虎節；土國用人節；澤國用龍節，皆金也，以英蕩輔之。門關用符節；貨賄用璽節；道路用旌節，皆有期以反節。凡通達於天下者必有節，以傳輔之，無節者有幾則不達。〔註6〕

前文對《周禮・地官・司徒第二・掌節》所述作了初步的分析〔註7〕，其中的「虎節」、「人節」、「龍節」是以國別區分的，但以今所見的先秦符節來看，器形的分別是以用途為主，並無明顯的國別地區差異。今所見的先秦符節以虎形為最多，總計十一器，而隨器形細分的差別不同，平板浮雕的《虎符》在楚地是做為傳遞用的信憑物，作立體跪臥形的則用於軍事，是取虎類動物凶猛的意象為之。而馬形所見兩器，用於傳遞、運輸，則是取馬類動物行動快速敏捷的意象，雁形、鷹形的使用大概也有相似的用意。而「竹片形」則僅見於《鄂君啓節》，其中《車節》三片、《舟節》一片，殷滌非、羅長銘先生繪製了可五片拼合的示意圖，商承祚先生也有專文論之，其拼合的形式相當特別，亦可與漢制的「竹使符」相互對照〔註8〕。扣除「不明」一類，全部的器形有七種，可謂相當多樣。要說明的是其中「有榫眼」、「有榫頭」的器形，是根據搨本器形作判斷，可知應該還有另外一半的器不知去向，兩半器身俱在，是可以結合的，而對這樣不知去向的另外一半器身，所要思考的是其上的銘文應是怎樣的記載，是與現存器身銘文相同，或是另一段不同的銘文與所見銘文得以通讀，筆者認為從所見銘文的考釋上來看，雖然文意上得以通讀，但上述的兩種思考方向都有存在的可能。

（三）先秦符節用途統計分析

4.1.4 先秦符節用途統計表

用　　途		數量	總計	器 形 及 數 量
傳遞用	傳　遞	2	3	王命虎節（一）～（二）
		1		王命傳遽虎節
	傳遞並飲食認證	6	6	王命龍節（一）～（六）

〔註6〕〔漢〕鄭玄注、〔唐〕賈公彥疏：《周禮注疏》，台北：藝文印書館，1979年，卷十五，頁10～13，總頁230～232。

〔註7〕參第二章〈符節相關問題探討〉，〈第二節　符節之形制與分期〉。

〔註8〕殷滌非、羅長銘：〈壽縣出土的"鄂君啓金節"〉，《文物參考資料》1958年第四期（總第九十二期），頁8～9；商承祚：〈鄂君啓節考〉，《文物精華》第二集，北京：文物出版社，1963年4月，頁55。

貿易運輸用		4	4	鄂君啓車節（一）～（六）、鄂君啓舟節
軍事認證用		1	6	辟大夫虎節
		1		偏將軍虎節
		1		新郪虎符
		1		杜虎符
		1		櫟陽虎符
		1		王命車馹虎節
存　疑	疑貿易運輸用	1	2	齊大夫馬節
		1		亡縱熊符
	疑傳遞	2	5	雁節（一）～（二）
		2		鷹節（一）～（二）
		1		騎傳馬節
不　詳		1	4	節節
		1		乘虎符
		1		麐𠂤節
		1		憖節
			30	

　　由上表用途來看，用於目前明確可知用於傳遞及軍事認證爲主，用於軍事的認證以秦代《虎符》爲多，銘文的記載也相當清楚，而用於傳遞如《王命虎節》、《王命龍節》的銘文於「王命命傳賃」是相同的，但《王命龍節》又註明了「一檐（擔）飤（食）之」的供給飲食的條件規定，《王命虎節》的銘文是因爲簡寫或制度階級上的差異而與《王命龍節》有所不同，還有待深究。

第二節　先秦符節制度之探討——以傳世文獻論之

一、《周禮》中的相關記載

　　對先秦符節制度的探討，必然會在「傳世文獻」與「符節實物」兩方面進行討論，「傳世文獻」的記載分析與所見的「符節實物」相互參照，比較其異同，並從對比之中分析其制度，除了證傳世文獻之不誤，抑或明其缺漏補遺；「符節實物」的探討也可明制度之流變，除往前推求至春秋戰國之時，亦可下探漢代之制的源流。關於符節實物的敘述上文及針對了國別與器形作統計與討論，而傳世文獻之記載，則於本節論之。

　　傳世文獻中對符節的形制有記載的，參見《周禮‧地官‧司徒第二‧掌節》云：

> 掌節，掌守邦節而辨其用，以輔王命。守邦國者用玉節；守都鄙者用角節。凡邦國之使節，山國用虎節；土國用人節；澤國用龍節，皆金也，以英蕩輔之。門關用符節；貨賄用璽節；道路用旌節，皆有期以反節。凡通達於天下者必有節，以傳輔之，無節者有幾則不達。〔註9〕

而《周禮‧秋官‧小行人》又云：

> 達天下之六節，山國用虎節，土國用人節，澤國用龍節，皆以金為之；道路用旌節，門關用符節，都鄙用管節，皆以竹為之。〔註10〕

前文曾對上引兩文整理一個表如下〔註11〕：

			形　制　分　類		
			材　質	形　體	體　制
應用場合分類	守域	守邦國	玉		
		守都鄙	角		
	國別	山國	金	虎	
		土國		人	
		澤國		龍	
	場合	門關			符
		貨賄			璽
		道路			旌

　　很明顯的「形體」是對應「國別」而有所不同，鄭玄注云：「土，平地也；山多虎，平地多人，澤多龍，以金為節鑄象焉，必自以其國所多者，於以相別為信明也。」鄭玄注的說法依文意推之，以地域所多者為區別信憑，仍無法說明這樣不同的用途內容差異為何？一個地域有無不同形體的節來運用？以及所謂的「虎」、「人」、「龍」是怎樣的形體為之，無法有更進一步的理解。

　　從今所能見到的各類符節為例，器形並不侷限於國別與區域，但以用途

〔註9〕　〔漢〕鄭玄注、〔唐〕賈公彥疏：《周禮注疏》（台北：藝文印書館，1979年），卷十五，頁10～13，總頁230～232。

〔註10〕　〔漢〕鄭玄注、〔唐〕賈公彥疏：《周禮注疏》（台北：藝文印書館，1979年），卷三七，頁24～25，總頁566～567。

〔註11〕　參第二章〈符節相關問題探討‧第二節　符節之形制與分期〉。

來論，在器形上確實可見有其代表意義和區別，而各個國別對於器形的代表
意義和區別認定，從所見的符節器來看，尚不足做出明確的整體區別。

　　附帶要提到的是明人王圻、王思義所編《三才圖會・器用二卷》對於《周
禮》所述有圖示〔註12〕：

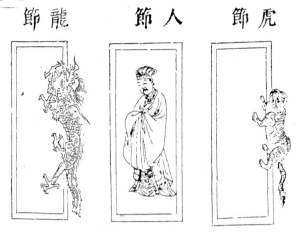

節龍　　節人　　節虎

　　從上引的三幅圖示來看，無疑是望文臆想而成的，與今所見的符節有差
距，並沒有辦法對《周禮》的記載有所反映。

　　從場合方面來看，對符節的使用很有參考價值，「符」當是剖半而用之制；
「璽」，《說文》：「王者之印也」〔註13〕，則應為今之印章；「旌」《說文》：「游
車載旌，析羽注旌首也。」〔註14〕則為首有插羽飾之節，三類的節於今都有
實物可徵，與其相關的記載有：

4.2.1 符節應用場合／體制相關記載表

場合／體制	記載
門關／符節	未見
貨賄／璽節	《周禮・地官・司徒第二・司市》： 凡治市之貨賄、六畜、珍異，亡者使有，利者使阜，害者使亡，靡者使微。凡通貨賄，以璽節出入之。

〔註12〕　〔明〕王圻、王思義：《三才圖會・器用二卷》（上海：上海古籍出版社，1985
　　　　年8月），頁17～20，總頁1097～1098。
〔註13〕　〔東漢〕許慎著、〔清〕段玉裁注：《新添古音說文解字注》（臺北：洪葉文化
　　　　事業有限公司，2005年10月），頁694。
〔註14〕　〔東漢〕許慎著、〔清〕段玉裁注：《新添古音說文解字注》（臺北：洪葉文化
　　　　事業有限公司，2005年10月），頁312。

貨賄／璽節	《周禮・地官・司徒第二・司關》： 凡貨不出於關者，舉其貨，罰其人。凡所達貨賄者，則以節傳出之。
道路／旌節	《周禮・地官・司徒第二・鄉大夫》： 國有大故，則令民各守其閭以待政令。以旌節輔令，則達之。
	《周禮・地官・司徒第二・比長》： 徙于國中及郊，則從而授之。若徙于他，則為之旌節而行之。若無授無節，則唯圜土內之。
	《周禮・秋官・司寇第五・環人》： 環人：掌送邦國之通賓客，以路節達諸四方。
	《周禮・秋官・司寇第五・布憲》： 正月之吉，執旌節以宣布于四方；而憲邦之刑禁，以詰四方邦國及其都鄙，達于四海。
	《周禮・秋官・司寇第五・行夫》： 行夫：掌邦國傳遽之小事、媺惡而無禮者。凡其使也，必以旌節。

　　據上表所梳理的相關記載，用於門關之符節其實不見於明文的指稱和記載，但可以推測用於門關或許有「合符」的形式，用以認證出入門關的人員身份。

二、先秦諸子中的記載

　　《墨子》書中亦有對於符節的記載，如〈旗幟〉：「巷術周道者，必為之門，門二人守之，非有信符，勿行，不從令者斬。」〔註15〕又〈號令〉：

> 吏從卒四人以上有分者，大將必與為信符，大將使人行，守操信符，
> 信不合及號不相應者，伯長以上輒止之，以聞大將。當止不止及從
> 吏卒縱之，皆斬。〔註16〕

引文中的「信符」沒有確指有無合符之形式，而〈旗幟〉中用於門關的「信符」與〈號令〉中用於將領和部屬的「信符」，都確實做為信憑物的應用，而且違令的處罰極嚴。但《墨子》書中對於「信符」、「符」的形式包括其形狀，有無合符認證之需要，都沒有作明確的敘述，但能知道以「信符」做為信憑認證的效力極大，相關的規定與處罰亦極為嚴格。

　　至於先秦諸子書中其他關於符節的記載，如《管子・君臣上》：

〔註15〕吳毓江注：《墨子校注》（北京：中華書局，1993年10月），頁904。
〔註16〕吳毓江注：《墨子校注》（北京：中華書局，1993年10月），頁916。

是故主畫之，相守之；相畫之，官守之；官畫之，民役之。則又有符
節、印璽、典法、筴籍以相揆也。此明公道而滅姦僞之術也。〔註17〕

《荀子·君道》：

合符節，別契券者，所以爲信也，上好權謀，則臣下百吏誕詐之人
乘是而後欺。探籌投鉤者，所以爲公也；上好曲私，則臣下百吏乘
是而後偏。

故上好禮義，尚賢使能，無貪利之心，則下亦將綦辭讓，致忠信，
而謹於臣子矣。如是，則雖在小民，不待合符節、別契券而信，不
待探籌投鉤而公，不待衡石稱縣而平，不待斗斛敦概而嘖。〔註18〕

《呂氏春秋·離俗覽》：

墨者鉅子孟勝，善荊之陽城君。陽城君令守於國，毀璜以爲符，約
曰：「符合聽之。」荊王薨，群臣攻吳起，兵於喪所，陽城君與焉，
荊罪之。陽城君走，荊收其國。孟勝曰：「受人之國，與之有符。今
不見符，而力不能禁，不能死，不可。」〔註19〕

上引先秦諸子書中之文，敘述了「符」的合符形式，以兩符相合，表示「符」
代表的信憑作用。

第三節　虎符辨僞芻議

虎符恐怕是符節器中最爲人所熟知的，《史記·信陵君列傳》中如姬爲魏
公子竊符救趙的故事，是虎符被運用在軍事而於史有徵的絕佳例子。關於秦
代虎符，除了在秦代軍事制度、地望和小篆字體上有極高的研究價值，而銘
文字形的書法、器形的藝術和欣賞價值，更不容忽視。但除上舉的幾個研究
要點，另一個值得注意的焦點，便是虎符的辨僞問題，本文所收錄校釋的《新
郪虎符》、《杜虎符》、《櫟陽虎符》四器，及不收錄疑爲贗品的《東郡虎符》、
《陽陵虎符》是目前所見的五件傳世虎符，但其中《陽陵虎符》、《杜虎符》、
《東郡虎符》都有辨僞的問題而被學者所討論。

其中《杜虎符》辨僞研究的成果較多，如羅福頤先生提出四點力主爲僞

〔註17〕 黎翔鳳撰：《管子校注》（北京：中華書局，2004 年 6 月），頁 553。

〔註18〕 〔清〕王先謙撰：《荀子集解》（北京：中華書局，1988 年 9 月），頁 230～232。

〔註19〕 陳奇猷校釋：《呂氏春秋新校釋》（上海：上海古籍出版社，2001 年），頁 1266。

器，一、銘文稱「右在君」，認爲在秦統一天下前君主無稱「君」之例；二、銘文的行款爲由虎頸自左向右，橫行書寫，與其他傳世虎符不同；三、《杜虎符》爲站立，與其他虎符的跪坐姿勢不同，四、《杜虎符》作「兵甲之符」，與其他虎符作「甲兵」不同〔註 20〕。但羅福頤先生所提出的幾點意見，後陸續有戴應新、陳尊祥、王輝、曾維華、陳昭容等諸位先生提出不同的看法，認爲羅福頤先生所舉四點並不足以成爲《杜虎符》是僞器的確證〔註 21〕。而筆者亦認爲《杜虎符》爲秦代眞器，但要附帶一提的是，而從器形上看，《杜虎符》是站立的形式，與其他虎符是跪臥的形式不同，也證明秦代虎符有其不同的器形形式。

而《陽陵虎符》由王國維先生舉出不合漢制應爲秦虎符之因有五，爲秦符之證四〔註 22〕，後來學者皆以《陽陵虎符》爲秦虎符，其眞僞並無學者論之。而其辨僞問題的提出，不在於以器形、銘文行款、字體等傳統用來辨僞虎符的觀察方法，而是以科學鑑定成分元素的方法來對辨僞提出討論，潘路、姚青芳兩位先生針對《陽陵虎符》進行的科學性研究，從鉛錫含量太低，與大多數先秦時期青銅器的組成明顯不同；對器物上的鏽蝕進行仔細觀察，發現有綠鏽（碱式碳酸銅）在紅色的氧化亞銅之下，青銅器表面最易生成的是紅色的氧化亞銅，表明《陽陵虎符》表面的鏽蝕不是自然形成的：虎符表面上的金字爲貼金，並未採用當時流行的錯金工藝，虎符表面布滿大大小小硬器敲砸痕跡，而金字就在這凹凸不平的表面上下爬行〔註 23〕。從上述的科學檢驗來說，《陽陵虎符》的眞實性也不禁令人存疑，可說是科學器物辨僞研究

〔註 20〕 參羅福頤：《商周秦漢青銅器辨僞錄》，香港：香港中文大學中國文化研究所，吳多泰中國語文研究中心，1981 年 11 月，頁 49～51。

〔註 21〕 戴應新：〈秦杜虎符的眞僞及其有關問題〉，《考古》1983 年第十一期，頁 1012～1013；陳尊祥：〈杜虎符眞僞考辨〉，《文博》1985 年第六期，頁 25～29；王輝：〈杜虎符〉，《秦漢銅器銘文編年集釋》，西安：三秦出版社，1990 年 7月，頁 38～40；曾維華：〈秦國杜虎符鑄造年代考〉，《學術月刊》1998 年第五期，頁 79～80；陳昭容：〈戰國至秦的符節──以實物資料爲主〉，《中央研究院歷史語言研究所集刊》第 66 本第一分，台北：中央研究院歷史語言研究所，民國 84 年 3 月（1995 年 3 月），頁 305～366。

〔註 22〕 可參王國維：〈秦陽陵虎符跋〉，《觀堂集林》，史林十（台北：河洛圖書出版社，民國 64 年 3 月（1975）），卷十八，頁 904～906。或參本論文《研究編・第三章　先秦符節彙編校釋・陽陵虎符》。

〔註 23〕 潘路、姚青芳：〈陽陵虎符的科學研究〉，《科技考古論叢》第三輯，2003 年 8月，頁 96～98。

的佳證。

　　《東郡虎符》的辨僞主要在銘文方面，其中的誤字的考論，王輝先生、陳昭容先生論之甚詳〔註24〕，如甲字作「中」，中間豎畫不出頭，唯傳寫之會稽刻石及《說文》小篆作「中」，與秦漢間金石文字所見皆異；而右符銘文「在」寫作「中」，亦爲古文字中所未見者〔註25〕。與他器間的銘文字形，句勢的對比可謂虎符辨僞之重要基礎，《東郡虎符》不僅有錯置的行文行款，也有古今未見的字形寫法，考爲僞器可以確定。因此筆者將《東郡虎符》列爲附錄僞器，僅著錄說明之。

〔註24〕王輝：〈周秦器銘考釋（五篇）〉，《考古與文物》1991 年第六期，頁 80；陳昭容：〈戰國至秦的符節──以實物資料爲主〉，《中央研究院歷史語言研究所集刊》第 66 本第一分，台北：中央研究院歷史語言研究所，民國 84 年 3 月（1995年 3 月），頁 337～338。
〔註25〕陳昭容：〈戰國至秦的符節──以實物資料爲主〉，《中央研究院歷史語言研究所集刊》第 66 本第一分，台北：中央研究院歷史語言研究所，民國 84 年 3月（1995 年 3 月），頁 337～338。

第五章　結　論

　　本文從傳世文獻、流傳器物、古文字、制度歷史等角度著手全面對先秦符節進行探討，從本文所述研究回顧及研究現況來看，先秦符節的研究多半是取其文字上的考釋，除了《鄂君啓節》因爲銘文敍述較長，又牽涉到地理、制度、貿易的問題，故受到較多研究者的關注，而秦代的虎符又因製作精細，銘文牽涉秦代軍事制度，與其相關之史傳故事又多，故最爲人所熟知，然而其他諸器受到研究關注的情況就顯得不足，甚爲可惜。本文寫作的最大動機，期望從文字、器物、制度、歷史等不同研究面向上，組織成整體的研究架構，能對較少受到研究者關注的先秦符節重新梳理，闡發其研究價值。本文先從「符節」的名義考察，可知「符」與「節」在名義的指稱上雖有其差異，但總體而論，除了對器物的命名需要詳細的區別外，則將「符」與「節」兩類器物以「符節」通稱。而本文研究篇中最爲重要的部分，即是先秦符節各器的彙編校釋，總共針對三十器一一考究其銘文及形制，而其中最爲困難的，除了用途及形制的推敲，當屬銘文考釋的部分，因符節銘文通常精鍊簡短，而形制又呈現多元，再加上可資比較的相同器物數量太少，於考釋上著實不易，在論證的過程中若早有前輩學者論及，則儘量說明其意見，加以申覆引用，而筆者自認仍有疑慮的部分，亦註明各家之說，亦不敢妄作斷語，以待日後有更好的意見和想法再予申論。然筆者思學有限，考釋缺漏必然甚多，也是文章寫作的過程中，最爲憂慮的部分。

　　本文的符節綜合論述則將先前第一、二、三章作橫向的統整與歸納，不致使討論的成果和焦點顯得零散，銘文的國別特色重在古文字學的理論發揮，而國別制度的差異因爲能參考的相關資料極爲有限，故在部分符節的作

用和形體意義上，亦無法妄下斷論，故於用途瞭解上暫闕之器物，亦也只能有待商討。雖然目前所見的先秦符節器物扣除有偽作疑慮者也僅三十器，但以當時對符節的使用和代表信憑意義來說，數量絕對不僅止於此，期望日後仍有考古發掘不斷出土新的材料，更廣博更全面的研究才正要展開。

下編　著錄編

第一章　前　言

　　歷來對於金文著錄之專書圖錄不可謂少，或爲收藏家彙編個人典藏之器物，或爲學者對所見器物蒐羅編輯，而先秦符節之著錄散見於各家著錄專書，羅振玉先生的《歷代符牌圖錄》爲最早以符節、符牌爲主題進行專書的著錄編輯，其後更有《歷代符牌圖錄後編》、《增訂歷代符牌圖錄》等續作，但因成書年代甚早，故後世出土之符節器物自然無從收錄。而後嚴一萍先生《金文總集》成書，據器物分類收錄，獨立〈符節〉爲一類，並對各器著錄說明，《金文總集目錄索引・簡目》有各器索引及著錄，可參閱〔註1〕。而對青銅器收錄堪稱最爲完備，由中國社會科學院考古研究所編輯的《殷周金文集成》亦有〈符節〉獨立類目，附錄於各冊書末器類之〈說明〉〔註2〕，對先秦符節各器之著錄說明又較《金文總集目錄索引・簡目》更詳。由劉雨、沈丁、盧岩、王文亮諸位先生編著的《商周金文著錄總表》〔註3〕則綜合《殷周金文集成》、《近出殷周金文集錄》的著錄資料而成〔註4〕，其著錄之內容並無增補。

　　而先秦符節著錄之增補更新，對於先秦符節的研究有其助益，用以檢索

〔註1〕 嚴一萍、姚祖根：《金文總集目錄索引・簡目》（臺北：藝文印書館，1988年4月），頁444。

〔註2〕 中國社會科學院考古研究所編：《殷周金文集成》，北京：中華書局，1984年。又有修訂增補本，北京：中華書局，2007年，共八冊。

〔註3〕 劉雨、盧岩：《近出殷周金文集錄》，北京：中華書局，2002年9月。

〔註4〕 劉雨、沈丁、盧岩、王文亮：《商周金文著錄總表》，北京：中華書局，2008年11月。本書〈前言〉劉雨先生云：「本書就是集中了全部這些資料彙編而成，應該說這是一部到目前爲止較爲齊備的殷周金文著錄總表。」。

資料、擇取搨本精善者、釐清器物流傳情況，著錄之作用可說是研究的基礎工作，故仍有持續訂補的空間及必要。本論文的下編定名爲《著錄編》，即爲專論先秦符節相關著錄之資料彙整，對先秦符節各器的著錄情況、書目和研究相關文獻作詳盡的整理與說明，本編共分爲三個部分，分別爲〈著錄書目析評〉、〈先秦符節著錄總表〉、〈研究文獻要目〉。〈著錄書目析評〉針對自清代以降，對先秦符節有所著錄的專書、圖錄進行收錄器名和器數的統計，並對於收錄的情況予以析評〔註5〕。〈先秦符節著錄總表〉則以各器爲主體，將著錄之書目、著錄器名及現今典藏地予以詳細羅列，與上述〈著錄書目析評〉可發揮相互參照發明之功效。〈研究文獻要目〉蒐集自民國以來對於先秦符節進行研究的論文、專書及學位論文詳細資料，編纂關於先秦符節研究的詳盡目錄。

〔註 5〕此一整理的目的正如文字編、集成、總集類工具書常見之材料來源表，但筆者又增加對書目著錄的析評，以供學者引用先秦符節材料之參考。

第二章　先秦符節著錄書目析評

　　對於先秦符節著錄之書目，最早見於清人阮元《積古齋鐘鼎彝器款識》，其中收錄《王命龍節》一件，而個人著述對先秦符節收錄最詳的，首推羅振玉先生，共計有《歷代符牌圖錄》、《秦金石刻辭》、《蒸邰草堂吉金圖》、《增訂歷代符牌圖錄》、《貞松堂集古遺文》、《貞松堂吉金圖》以及集羅氏金文著錄大成的《三代吉金文存》。其後以總集、集成方式所編著之金文著錄大型工具書，則以嚴一萍先生主編之《金文總集》及中國社會科學院考古研究所編輯的《殷周金文集成》爲代表，大型工具書的編纂無疑爲研究者的資料檢索帶來極大的便利，也爲筆者於先秦符節材料及著錄書目的研究基礎。本章欲對歷來著錄先秦符節之書目、圖錄進行收錄器物彙整統計，並針對收錄狀況及器形搨本提出析評。下文以 1937 年爲界（即羅振玉《三代吉金文存》出版之年），分爲「清代至 1937 年」；「1937 年後迄今」兩個章節，將各個書目分別獨立，按照各書目最早刊刻印行之年代排序〔註1〕，從年代之排序，可明清代至民初與近六十年來著錄、圖錄專書的形式、收錄差異。另外下文以表格方式呈現以清眉目，共分爲「書目」、「器名」、「卷數頁碼／器號」、「備註」四類細項。另外，本章著錄書目收錄的標準爲含有器形搨本或文字摹本，或爲照片圖版之專書，而僅於研究時論及予以著錄如王輝先生《秦漢銅器銘文編年集釋》所述〈杜虎符〉、〈新郪虎符〉、〈陽陵虎符〉〔註2〕及單篇期刊論文如

〔註1〕 各書目版本年代參考容庚：《商周彝器通考・上編・第十五章　箸錄》（上海：上海人民出版社，2008 年 8 月），頁 202～222；邱德修：《商周金文總目・引用書目及其簡稱表》（臺北：五南出版社，1985 年），頁 1～9。
〔註2〕 王輝：《秦漢銅器銘文編年集釋》，西安：三秦出版社，1990 年 7 月。〈杜虎符〉，

于省吾：〈鄂君啓節考釋〉所收入《鄂君啓舟節》圖版〔註 3〕，上述兩種材料則不列入著錄析評的範圍，但仍列入本編第三章各器之著錄簡表，見於〈著錄總表〉。

第一節　清代至 1937 年

從清代起最早著錄先秦符節器之專書，爲清人阮元《積古齋鐘鼎彝器款識》，而至 1937 年羅振玉《三代吉金文存》止，本文收錄著錄專書二十一種。由清代至民初各種金文著錄專書爲收藏家整理個人藏物，或收錄所見所聞之器物，對器形、銘文搨錄手摹，且多半以私人之力蒐羅論著，所費心力實屬不易。下文對各專書逐一介紹：

一、《積古齋鐘鼎彝器款識》

清・阮元著，十卷，有清嘉慶九年（西元 1804 年）刻本，容庚云其書所收商器一百七十三，周器二百七十三，秦器五，漢晉器一百，凡五百五十一器〔註4〕。本書共收錄先秦符節一器，無器形搨本，僅銘文字形摹本。

（一）漢龍虎銅節

書　　目	器　　名	卷數頁碼／器號	備　　註
《積古齋鐘鼎彝器款識》	漢龍虎銅節	卷十，頁 6	
《殷周金文集成》	王命龍節	12097	
本文	王命龍節（一）	10	

二、《金石索》

清・馮雲鵬、馮雲鵷著，十二卷，道光二年成書（西元 1821 年），分爲〈金索〉、〈石索〉二部分，各六卷，〈金索〉收錄彝器、兵器、鏡、泉布一類之金屬器物，〈石索〉則收碑碣之屬〔註5〕。〈金索〉收錄先秦符節一器，器形爲手摹而成，堪稱精良。

頁 38～40、〈新郪虎符〉，頁 101～102、〈陽陵虎符〉，頁 106～107。
〔註 3〕 于省吾：〈鄂君啓節考釋〉，《考古》1963 年第八期，圖版八左。
〔註 4〕 容庚：《商周彝器通考・上編・第十五章　著錄》（上海：上海人民出版社，2008 年 8 月），頁 216。
〔註 5〕 參《金石索》全書所錄。

（一）周龍虎節

書　　目	器　　名	卷數頁碼／器號	備　　註
《金石索》	周龍虎節	〈金索〉卷二，頁103	1、云此器吳門陸貫夫藏。 2、器形搨本銘文「命」字下無重文符「＝」。 3、《殷周金文集成》器形搨本來源。
《殷周金文集成》	王命龍節	12098	
本文	王命龍節（二）	11	

三、《綴遺齋彝器考釋》

　　清‧方濬益著，三十卷，編錄清稿定本起於光緒二十年五月（1899年），所收商周器一千三百八十二〔註6〕。本書收錄先秦符節一器，無器形搨本，僅銘文字形摹本。

（一）龍虎節

書　　目	器　　名	卷數頁碼／器號	備　　註
《綴遺齋彝器考釋》	龍虎節	卷二十九，頁25	銘文摹本「命」字下無重文符「＝」，應為摹寫漏失。
《殷周金文集成》	王命龍節	12097	
本文	王命龍節（一）	10	

四、《奇觚室吉金文述》

　　清‧劉心源著，二十卷，清光緒二十八年（西元1902年）有石印本。卷一至卷九周器三百八十七，卷十兵器七十一，卷十一秦漢器五十八，卷十二至卷十四泉布泉范六百二十六，卷十五鏡四十二，卷十六至卷十八補商周器一百八十八，兵器六，卷十九卷二十補泉布八百二十五，凡二千二百零三器〔註7〕。本書收錄先秦符節一器，搨本劉氏自言為「黃再同贈本」，器形正面上部龍首缺拓，銘文筆畫亦不甚清晰。

〔註6〕　容庚：《商周彝器通考‧上編‧第十五章　著錄》（上海：上海人民出版社，2008年8月），頁218。
〔註7〕　容庚：《商周彝器通考‧上編‧第十五章　著錄》（上海：上海人民出版社，2008年8月），頁219。

（一）漢龍節

書　目	器　名	卷數頁碼／器號	備　註
《奇觚室吉金文述》	漢龍節	卷十一，頁 7	
《殷周金文集成》	王命龍節	12097	
本文	王命龍節（一）	10	

五、《陶齋吉金續錄》

　　清・端方著，二卷，清光緒三十四年（西元 1909 年）石印本。收錄商周彝器五十五，兵器四，秦漢至宋器二十一，附錄《補遺》錄商周彝器八〔註8〕。本書收錄先秦符節一器。器形爲手摹而成，卷二，頁 19 左圖爲原器形摹寫，卷二，頁 19 右圖爲端氏自行復原之圖形。

（一）龍　節

書　目	器　名	卷數頁碼／器號	備　註
《陶齋吉金續錄》	龍節	卷二，頁 19 左	
《殷周金文集成》	王命龍節	12099	
本文	王命龍節（三）	12	

六、《歷代符牌圖錄》

　　羅振玉著，分前、後編，民國 3 年（西元 1914 年）成書，前編收錄秦至隋虎符二十七；唐魚符十七；武周龜符四；宋牛符、金魚符各一；玉麟符二；金至明令牌十八。後編收錄漢至隋虎符四；唐魚符二；五代龜符二；宋至明令牌三十一又附唐魚符一，總計一百一十器〔註9〕。本書收錄先秦符節一器，有《陽陵虎符》左右兩側及由上俯視之圖版。

（一）秦甲兵虎符

書　目	器　名	卷數頁碼／器號	備　註
《歷代符牌圖錄》	秦甲兵虎符	前編，頁 1	
《殷周金文集成》	無錄		
本文	陽陵虎符		疑爲僞器，詳第三章〈餘論〉

〔註8〕　容庚：《商周彝器通考・上編・第十五章　箸錄》（上海：上海人民出版社，2008 年 8 月），頁 207。

〔註9〕　羅振玉：《歷代符牌圖錄・目錄》，北京：中國書房，1998 年 8 月，頁 1～12。

七、《秦金石刻辭》

羅振玉著，分上中下三卷，民國 3 年（西元 1914 年）成書。卷上收錄金文四十三，符一；權十四；量九；詔版十八；戈一。卷中收錄石文三。卷下陶文七。總計五十三器。本書收錄先秦符節一器，歸入卷上。

（一）甲兵虎符

書　目	器　名	卷數頁碼／器號	備　註
《秦金石刻辭》	甲兵虎符	卷二，頁 7	
《殷周金文集成》	未收		
本文	陽陵虎符		疑為偽器，詳第三章〈餘論〉

八、《周金文存》

鄒安著，六卷附補遺，民國 5 年有石印本（1916 年），卷一鐘、鐸、句鑃，八十六器；卷二鼎、鬲、甗，二百三十器，補遺五十四器；卷三敦、彝、簠、簋、豆、登、錉、盞，三百九十六器，補遺五十三器；卷四盤、匜、舟、盉、盆、盂、監，八十二器，補遺五十二器；卷五尊、罍、鉼、壺、盉、兒觥、罶、卣、觚、角、爵、觶、𤭯，二百六十三器，補遺一器；卷六兵器二百三十二器，用器四十八器，補遺四十八，凡一千五百四十五器〔註 10〕。本書收錄先秦符節七器，歸入卷六下用器，有器名無釋文考釋。

（一）鷹　符

書　目	器　名	卷數頁碼／器號	備　註
《周金文存》	鷹符	卷六下，頁 126 左	
《殷周金文集成》	鷹節	12105	
本文	鷹節（一）	16	

（二）馬　符

書　目	器　名	卷數頁碼／器號	備　註
《周金文存》	馬符	卷六下，頁 127 右	
《殷周金文集成》	騎傳馬節	12091	
本文	騎傳馬節	5	

〔註10〕容庚：《商周彝器通考‧上編‧第十五章　著錄》（上海：上海人民出版社，2008 年 8 月），頁 219。

（三）龍　節

書　目	器　名	卷數頁碼／器號	備　註
《周金文存》	龍節一	卷六下，頁 127 左	《殷周金文集成》器形搨本來源。
《殷周金文集成》	王命龍節	12099	
本文	王命龍節（三）	12	

（四）龍　節

書　目	器　名	卷數頁碼／器號	備　註
《周金文存》	龍節二	卷六下，頁 128 右	銘文疑有四字，末二字不可識。
《殷周金文集成》	未收		
本文	龍節		疑爲僞器，詳第三章〈餘論〉

（五）龍　節

書　目	器　名	卷數頁碼／器號	備　註
《周金文存》	龍節三	卷六下，頁 128 左	銘文疑有四字，讀爲「東周□龍」。
《殷周金文集成》	未收		
本文	龍節		疑爲僞器，詳第三章〈餘論〉

（六）節

書　目	器　名	卷數頁碼／器號	備　註
《周金文存》	節	卷六下，頁 129 右	
《殷周金文集成》	節節	12086	
本文	節節	1	

（七）䇷尿節

書　目	器　名	卷數頁碼／器號	備　註
《周金文存》	䇷尿節	卷六下，頁 129 左	
《殷周金文集成》	䇷尿節	12088	
本文	䇷尿節	2	

九、《窳郼草堂吉金圖》

羅振玉著，分上中下三卷，有民國 6 年印本（1917），卷上收錄鐘三；鼎十；鬲一；簋二；彝七；敦八；尊一；卣一；觶一；瓠一；爵七；角一；盦一；車轄一；古鍵一；金鋪一；不知名古器二，共計五十四器。卷中收錄古兵二

十九；秦器十四，共計四十三器。卷下收錄漢器三十；魏器二；蜀器二；六朝至明器二十一，共計五十四器。全部總計一百五十一器〔註 11〕。本書收錄先秦符節一器，列入秦器中。

（一）甲兵虎符

書　　目	器　　名	卷數頁碼／器號	備　　註
《寕郼草堂吉金圖》	甲兵虎符	卷中，頁 26	
《殷周金文集成》	未收		
本文	陽陵虎符		疑爲僞器，詳第三章〈餘論〉

十、《增訂歷代符牌圖錄》

羅振玉輯，羅福葆、羅福頤撫，分〈圖錄上〉、〈圖錄下〉二卷，附〈補遺〉，有乙丑冬（1925 年）東方學會影印本。〈圖錄上〉收錄節六符八十三，列國節六器；秦符二器；漢符十五器；新莽符五器；晉符三器；後漢隋前符十三器；隋符十三器；唐符二十三器；武周符七器；金符牌二器。〈圖錄下〉收錄牌六十六，宋牌一器；遼牌二器；西夏牌五器；宋牌二器；金牌二器；元牌一器；明牌五十三器；不知時代牌一器。〈補遺〉收入列國符一器；漢符一器。總計一百五十七器〔註 12〕。本書收錄先秦符節九器。

（一）鷹　節

書　　目	器　　名	卷數頁碼／器號	備　　註
《增訂歷代符牌圖錄》	鷹節	圖錄上，頁 1 右上	
《殷周金文集成》	鷹節	12105	
本文	鷹節（一）	16	

（二）鴈　節

書　　目	器　　名	卷數頁碼／器號	備　　註
《增訂歷代符牌圖錄》	鴈節	圖錄上，頁 1 右下	
《殷周金文集成》	雁節	12104	
本文	雁節（二）	19	

〔註 11〕　見羅振玉：《寕郼草堂吉金圖・目錄》，輯入《羅雪堂先生全集》三編第四冊，台北：台灣大通書局，1989 年，總頁 1065。
〔註 12〕　見羅振玉：《增訂歷代符牌圖錄・目錄》，收入《羅雪堂先生全集》七編第二冊，據乙丑冬東方學會影印，台北：大通書局，1976 年，頁 1，總頁 449。

（三）鴈　節

書　　目	器　　名	卷數頁碼／器號	備　　註
《增訂歷代符牌圖錄》	鴈節	圖錄上，頁 1 左上	
《殷周金文集成》	雁節	12103	
本文	雁節（一）	18	

（四）騎□馬節

書　　目	器　　名	卷數頁碼／器號	備　　註
《增訂歷代符牌圖錄》	騎□馬節	圖錄上，頁 1 左下	
《殷周金文集成》	騎傳馬節	12091	
本文	騎傳馬節	5	

（五）齊夫夫牛節

書　　目	器　　名	卷數頁碼／器號	備　　註
《增訂歷代符牌圖錄》	齊夫夫牛節	圖錄上，頁 2 右上	
《殷周金文集成》	齊節大夫馬節	12090	
本文	齊大夫馬節	4	

（六）辟夫夫虎節

書　　目	器　　名	卷數頁碼／器號	備　　註
《增訂歷代符牌圖錄》	辟夫夫虎節	圖錄上，頁 2 右下	
《殷周金文集成》	辟大夫虎符	12107	
本文	辟大夫虎節	20	

（七）新郪虎符

書　　目	器　　名	卷數頁碼／器號	備　　註
《增訂歷代符牌圖錄》	新郪虎符	圖錄上，頁 2 左	
《殷周金文集成》	新郪虎符	12108	
本文	新郪虎符	28	

（八）陽陵虎符

書　　目	器　　名	卷數頁碼／器號	備　　註
《增訂歷代符牌圖錄》	陽陵虎符	圖錄上，頁 3 右	
《殷周金文集成》	未收		
本文	陽陵虎符		疑為僞器，詳第三章〈餘論〉

（九）無器名

書　目	器　名	卷數頁碼／器號	備　註
《增訂歷代符牌圖錄》	無器名	圖錄上，頁 3 右	
《殷周金文集成》	亡縱熊節	12092	
本文	亡縱熊符	27	

十一、《待時軒傳古別錄》

羅福頤著，一卷，戊辰冬付印（西元 1928 年）。收錄三代二器；秦二器；漢六器；唐封泥二器，總計十二器。器形皆以手摹，羅福頤先生云：「古金文有錯金銀爲文不可施氈墨者，家大人病其不能流傳每命以花乳石橅刻。」〔註13〕本書收錄先秦符節二器。

（一）新郪虎符

書　目	器　名	卷數頁碼／器號	備　註
《待時軒傳古別錄》	新郪兵符	頁 2 右	
《殷周金文集成》	新郪虎符	12108	
本文	新郪虎符	28	

（二）陽陵兵符

書　目	器　名	卷數頁碼／器號	備　註
《待時軒傳古別錄》	陽陵兵符	頁 2 左	
《殷周金文集成》	未錄		
本文	陽陵虎符		疑爲僞器，詳第三章〈餘論〉

十二、《貞松堂集古遺文》

羅振玉著，十六卷，民國十九年（西元 1930 年）有石印本。收錄商周器一千一百五十一；兵器一百二十二；秦權量十一；漢以後器二百四十一，總計一千五百二十五器〔註14〕。本書收錄先秦符節一器。

〔註13〕 羅福頤：《待時軒傳古別錄・目錄》，收入《羅雪堂先生全集》七編第二冊，台北：大通書局，1976 年，頁 1 左，總頁 715～716。

〔註14〕 容庚：《商周彝器通考・上編・第十五章　著錄》（上海：上海人民出版社，2008 年 8 月），頁 220。

（一）棄　符

書　　目	器　　名	卷數頁碼／器號	備　　註
《貞松堂集古遺文》	棄符	卷十一，頁 12	《殷周金文集成》器形搨本來源。
《殷周金文集成》	棄虎符	12087	
本文	乘虎符	26	

十三、《秦漢金文錄》

容庚著，八卷，秦金文一卷，漢金文七卷，民國 20 年 12 月（西元 1931年），北平國立中央研究院歷史語言研究所初版。秦金文一卷，收錄秦權四十四、量十六、詔版二十一、兵符二，凡八十三器附錄三器；漢金文收錄鼎一百一十一、鐘五十四、鈁十九、壺二十六、權度量二十八、鐙七十三、樂器二十五、雜器一百二十七、洗一百五十四、鉤三十五、兵器六十，凡七百一十二器。爲《陽陵虎符》器形搨本中文字最清楚者。

（一）陽陵兵符

書　　目	器　　名	卷數頁碼／器號	備　　註
《秦漢金文錄》	陽陵兵符	卷一，頁 40	《殷周金文集成》器形搨本來源。
《殷周金文集成》	未錄		
本文	陽陵虎符		疑爲僞器，詳第三章〈餘論〉

（二）新郪兵符

書　　目	器　　名	卷數頁碼／器號	備　　註
《秦漢金文錄》	新郪兵符	卷一，頁 41	
《殷周金文集成》	新郪虎符	12108	
本文	新郪虎符	29	

十四、《善齋吉金錄》

劉體智著，二十八冊，民國 23 年（西元 1934 年）石印本。此書將所藏分爲十錄：一〈樂器錄〉一冊，四十一器；二〈禮器錄〉八冊，五百九十一器；三〈古兵錄〉二冊，一百二十器；四〈度量衡錄〉一冊，五十五器；五〈符牌錄〉一冊，六十五器；六〈璽印錄〉三冊，一千五百八十七器；七〈泉

錄〉六冊，泉布二千七百二十二，泉范七十三；八〈鏡錄〉四冊，三百一十八面；九〈梵象錄〉，七十尊；十〈任器錄〉，八十六器，總計五千七百二十八器，容庚先生云：「此書形式，繪畫圖象，橅拓銘文，記載尺寸，與《陶齋吉金錄》同，而間有考證，博大過之。」〔註 15〕。本書收錄先秦符節三器，歸入五〈符牌錄〉，第十三冊。

（一）列國鷹節

書　　目	器　　名	卷數頁碼／器號	備　　註
《善齋吉金錄》	列國鷹節	第十三冊，頁 1	《殷周金文集成》器形搨本來源。
《殷周金文集成》	鷹節	12106	
本文	鷹節（二）	17	

（二）秦王命虎節

書　　目	器　　名	卷數頁碼／器號	備　　註
《善齋吉金錄》	秦王命虎節	第十三冊，頁 2	
《殷周金文集成》	未收		
本文	秦王命虎節		疑爲僞器，詳第三章〈餘論〉

（三）秦甲兵虎符

書　　目	器　　名	卷數頁碼／器號	備　　註
《善齋吉金錄》	秦甲兵虎符	第十三冊，頁 4	
《殷周金文集成》	未收		
本文	秦甲兵虎符		疑爲僞器，詳第三章〈餘論〉

十五、《小校經閣金石文字》

劉體智著，十八卷，民國 24 年（西元 1935 年）石印本。卷一鐘一百二十七，句鑃五，錞于三；卷二鼎四百九十七；卷三鼎七十八，鬲一百一十四，甗五十；卷四卣二百五十三，罍九，壺八十七；卷五尊二百又七，觥二，瓢一百二十六，觶一百九十二，斝三；卷六爵四百八十二，角三十一，斝十九，舉一；卷七彝二百六十，敦二百二十二；卷八敦一百七十五；卷九簠八十五，簋五十五，盉四十九，匜四十五，盤五十七，雜器八十七；卷十兵器三百一十四；卷

十一秦權量九十，漢以後鼎一百十七，壺四十八，鐙九十二，度量衡二十三；卷十二度量衡一百四十四，洗一百五十四；卷十三洗三十八，鈎七十五，雜器二百六十六；卷十四兵器一百又六，泉范一百五十九，符牌一百又一；卷十五鏡三百四十六；卷十六鏡四百三十一；卷十七鏡三百九十一；卷十八造像二百四十，總計六千四百五十六器，有釋文，間附各家題識〔註16〕。本書收錄先秦符節九器，卷九〈雜器〉收入五件，卷十四〈符牌〉收入四件。

（一）節 節

書 目	器 名	卷數頁碼／器號	備 註
《小校經閣金石文字》	節節	卷九，頁105右，右上	《殷周金文集成》器形搨本來源。
《殷周金文集成》	節節	12086	
本文	節節	1	

（二）麐𠘧節

書 目	器 名	卷數頁碼／器號	備 註
《小校經閣金石文字》	麐𠘧節	卷九，頁105右，右下	《殷周金文集成》器形搨本來源。
《殷周金文集成》	麐尸節	12088	
本文	麐尸節	2	

（三）鷹節一

書 目	器 名	卷數頁碼／器號	備 註
《小校經閣金石文字》	鷹節一	卷九，頁105右，左上	
《殷周金文集成》	鷹節	12105	
本文	鷹節（一）	16	

（四）鷹節二

書 目	器 名	卷數頁碼／器號	備 註
《小校經閣金石文字》	鷹節二	卷九，頁105左，左下	
《殷周金文集成》	鷹節	12106	
本文	鷹節（二）	17	

〔註16〕容庚：《商周彝器通考・上編・第十五章　著錄》（上海：上海人民出版社，2008年8月），頁221。

（五）王命車鍵

書　　目	器　　名	卷數頁碼／器號	備　　註
《小校經閣金石文字》	王命車鍵	卷九，頁 106 左	
《殷周金文集成》	王命龍節	12097	
本文	王命龍節（一）	10	

（六）秦王命虎節

書　　目	器　　名	卷數頁碼／器號	備　　註
《小校經閣金石文字》	秦王命虎節	卷十四，頁 89 右	
《殷周金文集成》	未收		
本文	不錄		疑為偽器，詳第三章〈餘論〉

（七）秦陽陵虎符

書　　目	器　　名	卷數頁碼／器號	備　　註
《小校經閣金石文字》	秦陽陵虎符	卷十四，頁 89 左	
《殷周金文集成》	未收		
本文	陽陵虎符		疑為偽器，詳第三章〈餘論〉

（八）秦新郪虎符

書　　目	器　　名	卷數頁碼／器號	備　　註
《小校經閣金石文字》	秦新郪虎符	卷十四，頁 90 右	
《殷周金文集成》	新郪虎符	12108	
本文	新郪虎符	28	

（九）秦甲兵虎符

書　　目	器　　名	卷數頁碼／器號	備　　註
《小校經閣金石文字》	秦甲兵虎符	卷十四，頁 90 左	
《殷周金文集成》	未收		
本文	秦甲兵虎符		疑為偽器，詳第三章〈餘論〉

十六、《衡齋金石識小錄》

黃濬著，上下卷，不分目，民國 24 年（西元 1935 年）成書。收錄之器甚雜，符牌之器有商周節二；漢至金符十五；西夏牌二，全書總計收錄八十八器〔註17〕。本書收錄先秦符節二器。

（一）龍　節

書　目	器　名	卷數頁碼／器號	備　註
《衡齋金石識小錄》	龍節	上卷，頁 24	
《殷周金文集成》	王命龍節	12101	
本文	王命龍節（五）	14	

（二）騎騎馬節

書　目	器　名	卷數頁碼／器號	備　註
《衡齋金石識小錄》	騎騎馬節	上卷，頁 25	
《殷周金文集成》	騎傳馬節	12091	
本文	騎傳馬節	5	

十七、《貞松堂吉金圖》

羅振玉著，三卷，有民國 24（乙亥）年墨緣堂刊印本影印（西元 1935年）。收錄商周彝器一百又七；兵器二十八；秦權詔版三；漢器三十七；晉宋以降器十九；附錄四，總計一百九十八器，不計大小尺寸，無考釋〔註18〕。本書收錄先秦符節一器，歸入卷中〈雜器〉。

（一）馬　節

書　目	器　名	卷數頁碼／器號	備　註
《貞松堂吉金圖》	馬節	卷中，頁 25	
《殷周金文集成》	齊節大夫馬節	12090	
本文	齊大夫馬節	4	

〔註17〕 黃濬：《衡齋金石識小錄》，收入《石刻史料新編》第三輯第四十冊，台北：新文豐出版公司，1986 年 7 月，頁 1～5。

〔註18〕 容庚：《商周彝器通考‧上編‧第十五章　著錄》（上海：上海人民出版社，2008 年 8 月），頁 212。

十八、《海外吉金圖錄》

容庚著，三冊，民國 24 年考古學社刊本影印（西元 1935 年）。容庚先生云：「此書專選日本所藏者，采用之書七種，采錄之器，烹飪器及食器三十五，酒器六十八，用器二十四，樂器十八，漢以後器十，附錄俑及石槨三，凡一百五十八器。後附考釋，原書拓本之模黏者，苟得舊拓則更易之。」〔註 19〕本書收錄先秦符節一器。

（一）夆虎符

書　　目	器　　名	卷數頁碼／器號	備　　註
《海外吉金圖錄》	夆虎符	圖一二七	
《殷周金文集成》	夆虎符	12087	
本文	夆（乘）虎符	26	

十九、《兩周金文辭大系圖錄考釋》

郭沫若著，分圖錄、考釋兩部，1935 年在日本出版。著錄宗周器二百五十，列國器兩百六十一，圖錄收入二百六十三器。並設標準器以爲諸器繫年之準的，有「列國標準器年代表」〔註 20〕。本書收錄先秦符節一器，有圖錄。

（一）新郪虎符

書　　目	器　　名	卷數頁碼／器號	備　　註
《兩周金文辭大系圖錄考釋》	新郪虎符	圖錄，頁 292；考釋，頁 251～252	
《殷周金文集成》	新郪虎符	12108	
本文	新郪虎符	28	

二十、《尊古齋所見吉金圖》

黃濬著，四卷，民國 25 年影印本（西元 1936 年），收錄商周至清古器一百九十；商周彝器約十之六，不記大小尺寸，無考釋〔註 21〕。

〔註 19〕　容庚：《商周彝器通考・上編・第十五章　著錄》（上海：上海人民出版社，2008 年 8 月），頁 211。

〔註 20〕　郭沫若：《兩周金文辭大系圖錄考釋・目錄》，上海：上海書店出版社，1999 年 7 月，頁 1～20。

〔註 21〕　容庚：《商周彝器通考・上編・第十五章　著錄》（上海：上海人民出版社，2008 年 8 月），頁 213。

（一）龍　節

書　　目	器　　名	卷數頁碼／器號	備　　註
《尊古齋所見吉金圖》	龍節	卷四，頁 46	
《殷周金文集成》	王命龍節	12101	
本文	王命龍節（五）	14	

（二）虎　節

書　　目	器　　名	卷數頁碼／器號	備　　註
《尊古齋所見吉金圖》		卷四，頁 47	
《殷周金文集成》	王命虎符	12095	
本文	王命虎節（二）	7	

二十一、《三代吉金文存》

　　羅振玉著，二十卷，民國 26 年（西元 1937 年）影印本，卷一鐘一百一十四；卷二鼎四百七十四；卷三鼎二百六十五；卷四鼎九十四；卷五甗七十二，鬲一百二十一；卷六彝三百九十五；卷七毀二百三十六；卷八毀一百二十三；卷九毀六十七；卷十簠九十一，簋六十，豆十二；卷十一尊二百七十一，罍二十六；卷十二壺一百十三，卣一百四十五；卷十三卣一百九十三，斝五十二；卷十四盉六十三，觚二百二十四，觶二百五十六；卷十五爵三百六十八；卷十六爵三百四十四，角三十三；卷十七盤六十三，匜六十八；卷十八雜器一百六十一；卷十九戈一百三十四；卷二十戟六十，矛四十六，雜兵九十一。總計四千八百三十五〔註22〕。容庚先生云：「搜羅之富，鑑別之嚴，印刷之佳，洵集金文之大成。」〔註23〕本書收錄先秦符節八器。

（一）騎□馬節

書　　目	器　　名	卷數頁碼／器號	備　　註
《三代吉金文存》	騎□馬節	卷十八，頁 31 右，左上	
《殷周金文集成》	騎傳馬節	12091	
本文	騎傳馬節	5	

〔註22〕羅振玉：《三代吉金文存·總目》，台北：文華出版社，1970 年 7 月，頁 1～2。
〔註23〕容庚：《商周彝器通考·上編·第十五章　著錄》（上海：上海人民出版社，2008 年 8 月），頁 222。

（二）亾縱熊節

書　　目	器　　名	卷數頁碼／器號	備　　註
《三代吉金文存》	亾縱熊節	卷十八，頁 31 右，左下	《殷周金文集成》器形搨本來源。
《殷周金文集成》	亾縱熊節	12092	
本文	亾縱熊符	27	

（三）齊馬節

書　　目	器　　名	卷數頁碼／器號	備　　註
《三代吉金文存》	齊馬節	卷十八，頁 31 左，上	
《殷周金文集成》	齊節大夫馬節	12090	
本文	齊大夫馬節	4	

（四）雁　節

書　　目	器　　名	卷數頁碼／器號	備　　註
《三代吉金文存》	雁節	卷十八，頁 31 左，右下	《殷周金文集成》器形搨本來源。
《殷周金文集成》	雁節	12103	
本文	雁節（一）	18	

（五）雁　節

書　　目	器　　名	卷數頁碼／器號	備　　註
《三代吉金文存》	雁節	卷十八，頁 31 左，左下	
《殷周金文集成》	雁節	12104	
本文	雁節（二）	19	

（六）鷹節一

書　　目	器　　名	卷數頁碼／器號	備　　註
《三代吉金文存》	鷹節一	卷十八，頁 32 右，右上	
《殷周金文集成》	鷹節	12105	
本文	鷹節（一）	16	

（七）鷹節二

書　　目	器　　名	卷數頁碼／器號	備　　註
《三代吉金文存》	鷹節二	卷十八，頁 32 右，右下	
《殷周金文集成》	鷹節	12105	
本文	鷹節（一）	16	

（八）王命測車鍵

書　　目	器　　名	卷數頁碼／器號	備　　註
《三代吉金文存》	王命測車鍵	卷十八，頁 36 左	
《殷周金文集成》	王命龍節	12097	
本文	王命龍節（一）	10	

第二節　1937 年後迄今

　　隨著科學考古挖掘的日益發展，中國各地新出土的器物數量快速增加，因此金文銅器著錄書目的編輯一直有其必要，自 1937 年羅振玉先生《三代吉金文存》出版後，迄今之著錄專書大抵可分為二類，一為個人蒐羅編著之書，一為團隊合力編纂之大型集成類工具書。就編輯目標來說，集成類的兩大鉅著：嚴一萍先生編輯的《金文總集》、中國社會科學院考古研究所編《殷周金文集成》幾乎同時公布，都是期望蒐羅前人所著錄所見之器、增補前人所著錄之不足或收錄新出土而前人未見之器物，但《殷周金文集成》所收器數較《金文總集》多近三分之一〔註24〕，自《殷周金文集成》後所見之著錄專書，也多半是補《殷周金文集成》漏收或更新出土之器物著錄。下文共錄著錄十一種，先以大陸、台灣區分為兩部分，以比較兩岸編纂著錄書目之差異，再於其下依著錄書目類型區分。

一、台灣地區

（一）《金文總集》

　　嚴一萍著，十冊，臺北藝文印書館，民國 72 年 12 月（西元 1983 年）初

〔註24〕見中國社會科學院考古研究所編：《殷周金文集成》第十八冊，〈編後記〉（北京：中華書局，1994 年 12 月），頁 1。

版。收錄鼎一千三百三十一；鬲兩百又二；甗一百三十四；簋一千一百八十九；盨、匜一百三十；盆一百又三；敦十；豆十三；簠七；盧二；鐮一；匕五；爵九百九十一；角三十八；斝一百又二；盉鎣一百又五；尊四百四十四；觥三十五；方彝五十三；卣五百三十；罍七十三；瓿十三；壺二百又八；瓶五；罐六；缶九；鐺一；鉔一；瓠四百五十六；觶、斝三百五十二；杯四；勺二十四；盤一百三十；匜八十四；鑑十二；盂二十一；盆十一；盝四；盬一；鐃三十六；鐘兩百三十二；鎛二十；勾鑃、征城六；鐸三；鈴三；鐘鉤二；戈三百四十七；戟十八；矛七十七；劍七十四；雜兵一百一十七；量器十八；權五；符節十六；車馬器二十二；其他七十四；補遺二十七，總計八千零三十五器。本書收錄先秦符節十六器。

1、𣄼虎符

書　　目	器　　名	卷數頁碼／器號	備　　註
《金文總集》	𣄼虎符	器號 7885 頁 4587	
《殷周金文集成》	𣄼虎符	12087	
本文	𣄼（乘）虎符	26	

2、新郪虎符

書　　目	器　　名	卷數頁碼／器號	備　　註
《金文總集》	新郪虎符	器號 7886 頁 4588	
《殷周金文集成》	新郪虎符	12108	
本文	新郪虎符	28	

3、杜虎符

書　　目	器　　名	卷數頁碼／器號	備　　註
《金文總集》	杜虎符	器號 7887 頁 4589	
《殷周金文集成》	杜虎符	12109	
本文	杜虎符	29	

4、騎傳馬節

書　　目	器　　名	卷數頁碼／器號	備　　註
《金文總集》	騎傳馬節	器號 7888 頁 4589	
《殷周金文集成》	騎傳馬節	12091	
本文	騎傳馬節	5	

5、巴杞熊節

書　　目	器　　名	卷數頁碼／器號	備　　註
《金文總集》	巴杞熊節	器號 7888 頁 4589	
《殷周金文集成》	亡縱熊節	12092	
本文	亡縱熊符	27	

6、王命傳賃節

書　　目	器　　名	卷數頁碼／器號	備　　註
《金文總集》	王命傳賃節	器號 7890 頁 4590	
《殷周金文集成》	王命虎符	12096	
本文	王命傳遽虎節	8	

7、齊馬節

書　　目	器　　名	卷數頁碼／器號	備　　註
《金文總集》	齊馬節	器號 7891 頁 4590	
《殷周金文集成》	齊節大夫馬節	12090	
本文	齊大夫馬節	4	

8、雁　節

書　　目	器　　名	卷數頁碼／器號	備　　註
《金文總集》	雁節	器號 7892 頁 4591	
《殷周金文集成》	雁節	12103	
本文	雁節（一）	18	

9、鷹節一

書　　目	器　　名	卷數頁碼／器號	備　　註
《金文總集》	鷹節一	器號 7893 頁 4591	
《殷周金文集成》	雁節	12104	
本文	雁節（二）	19	

10、鷹節二

書　　目	器　　名	卷數頁碼／器號	備　　註
《金文總集》	鷹節二	器號 7894 頁 4591	
《殷周金文集成》	鷹節	12105	
本文	鷹節（一）	16	

11、王命＝👁️節一

書　　目	器　　名	卷數頁碼／器號	備　　註
《金文總集》	王命＝👁️節一	器號 7895 頁 4592	
《殷周金文集成》	王命龍節	12097	
本文	王命龍節（一）	10	

12、王命＝👁️節二

書　　目	器　　名	卷數頁碼／器號	備　　註
《金文總集》	王命＝👁️節二	器號 7896 頁 4593	
《殷周金文集成》	王命龍節	12098	
本文	王命龍節（二）	11	

13、王命＝👁️節三

書　　目	器　　名	卷數頁碼／器號	備　　註
《金文總集》	王命＝👁️節三	器號 7897 頁 4594	
《殷周金文集成》	王命龍節	12099	
本文	王命龍節（三）	12	

14、王命＝👁️節四

書　　目	器　　名	卷數頁碼／器號	備　　註
《金文總集》	王命＝👁️節四	器號 7898 頁 4595	
《殷周金文集成》	王命龍節	12101	
本文	王命龍節（五）	14	

15、鄂君啟車節

書　　目	器　　名	卷數頁碼／器號	備　　註
《金文總集》	鄂君啟車節	器號 7899 頁 4596	
《殷周金文集成》	鄂君啓車節	12110	
本文	鄂君啓車節（一）	22	

16、鄂君啟舟節

書　　目	器　　名	卷數頁碼／器號	備　　註
《金文總集》	鄂君啟舟節	器號 7900 頁 4597	
《殷周金文集成》	鄂君啓舟節	12113	
本文	鄂君啓舟節	25	

（二）《新收殷周青銅器銘文暨器影彙編》

鍾柏生、陳昭容、黃銘崇、袁國華編，三冊，臺北：藝文印書館，2006年 4 月初版。收錄一、鐘鎛二百器；二、鐃十二器；三、鐸一器；四、樂器構件五器；五、鼎三百二十八器；六、鬲六十一器；七、甗一器；八、甗三十五器；九、毀一百六十九器；十、盨二十八器；十一、簠四十一器；十二、敦四器；十三、盞二器；十四、豆六器；十五、鋪四器；十六、盂九器；十七、鍪二器；十八、爵一百四十二器；十九、角十七器；二十、觚九十二器；二十一、觶四十三器；二十二、斝十六器；二十三、尊六十六器；二十四、壺六十三器；二十五、鈚一器；二十六、卣七十九器；二十七、方彝十三器；二十八、觥五器；二十九、罍二十二器；三十、鑘二器；三十一、盉三十器；三十二、缶十七器；三十三、瓿一器；三十四、鉚一器；三十五、勺二器；三十六、盤三十器；三十七、匜二十五器；三十八、鑑二器；三十九、鎬一器；四十、雜器四十三器；四十一、戈二百四十四器；四十二、戟二十五器；四十三、矛二十三器；四十四、鈹十二器；四十五、鉞五器；四十六、刀一器；四十七、劍四十六器；四十八、雜兵十五器；四十九、車馬器十器；五十、符節二器。總計兩千零五。本書收錄先秦符節器二器。

1、王命命車駔虎節

書　　目	器　　名	卷數頁碼／器號	備 註
《新收殷周青銅器銘文暨器影彙編》	王命命車駔虎節	器號 1413	
《殷周金文集成》	未收		
本文	王命車駐虎節	9	

2、貴將軍信節

書　　目	器　　名	卷數頁碼／器號	備 註
《新收殷周青銅器銘文暨器影彙編》	貴將軍信節	器號 1559	
《殷周金文集成》	未收		
本文	偏將軍虎節	21	

二、大陸地區

（一）總集、彙編

1、《商周金文錄遺》

　　于省吾著，不分卷，民國46年8月（西元1957年），北京科學出版社初版。收錄鐘十三、鼎八十六、鬲七、甗六、敦五十五、敦一、簠六、盨六、尊二十六、罍九、壺十七、卣四十六、斝十、盉五、觚六十六、觶十五、爵一百又三、角一、盤二十、匜四、方彝八、雜器三十二、戈二十八、戟十四、矛一、劍十七、襍兵六、不知名器八，凡二十九類，共六百一十六器。沈寶春師云：「于省吾商周金文錄遺一書亦循其器用性質，以器類聚，因字之多寡為先後，銘文之短長由一二字以達三百餘字，纂相排比，因器分門，固前修未密，後出轉精，其分類較諸前人，實嚴謹而精當，且涵蓋周全，鉅細靡遺。」〔註25〕

　　（1）王命傳賃節

書　　　目	器　　　名	卷數頁碼／器號	備　　　註
《商周金文錄遺》	王命傳賃節	器號537頁237	
《殷周金文集成》	王命虎符	12096	
本文	王命傳遽虎節	8	

　　2、《殷周金文集錄》

　　徐中舒主編，四川大學歷史研究所編，成都四川人民出版社，1984年2月初版。收錄一、鐘八十器；二、鼎一百五十四器；三、鬲三十器；四、甗二十九器；五、簋一百四十九器；六、簠二十四器；七、盨十七器；八、豆三器；九、爵七十七器；十、角三器；十一、斝五器；十二、盉十五器；十三、尊四十器；十四、觚三十三器；十五、觶二十一器；十六、彝八器；十七、壺八十八器；十八、盤二十二器；十九、罍十五器；二十、匜十九器；二一、鑑四器；二二、雜器六十三器；二三、戈五十器；二四、鉞五器；二五、戟三器；二六、矛八器；二七、劍七器〔註26〕。「本書收集了解放以來至1980年底國內出版的書刊中已著錄殷周有銘銅器及部分未著錄的有銘銅器共九百七十三件，絕大多數為新出土的。」〔註27〕本書收錄先秦符節二器。

〔註25〕沈寶春：《《商周金文錄遺》考釋》上冊，臺北：花木蘭文化工作坊，2005年12月，頁16～17。

〔註26〕徐中舒：《殷周金文集錄·索引》，成都：四川人民出版社，1984年2月，頁1～26。筆者從〈索引〉各類器數加總，為九百七十二器，但全書所收錄之器號總共為九百七十三。

〔註27〕徐中舒：《殷周金文集錄·出版說明》，成都：四川人民出版社，1984年2月，頁1。

（1）鄂君启節（乙）

書　　目	器　　名	卷數頁碼／器號	備　　註
《殷周金文集錄》	鄂君启節（乙）	器號 875，頁 473	
《殷周金文集成》	鄂君啓車節	12111	
本文	鄂君啓車節（二）	23	

（2）鄂君启節（甲）

書　　目	器　　名	卷數頁碼／器號	備　　註
《殷周金文集錄》	鄂君启節（甲）	器號 874，頁 472	
《殷周金文集成》	鄂君啓舟節	12113	
本文	鄂君啓舟節	25	

3、《殷周金文集成》

　　中國社會科學院考古研究所編，十八冊，北京中華書局，1984 年起陸續出版，至 1994 年全十八冊出版完畢。收錄第一冊鐘鎛（一），二百八十五器；第二冊鐘鎛（二）、鐃、鈴、鐸、句鑃、鼓座，一百四十四器；第三冊鬲、甗、匕、鼎（一），一千零四十五器；第四冊鼎（二），一千零二十一器；第五冊鼎（三），三百一十一器；第六冊毁（一），八百三十二器；第七冊毁（二），三百七十八器；第八冊毁（三），二百二十三器；第九冊盨、簠、敦、鋪、豆，三百五十二器；第十冊卣，七百三十三器；第十一冊尊、觶（一），九百二十六器；第十二冊觶（二）、瓠九百四十六器；第十三冊爵、角（一），九百九十八器；第十四冊爵、角（二），七百九十五器；第十五冊斝、觥、盉鋬、壺、罍七百二十二器；第十六冊方彝、勺、梜、瓿、罐、瓶、罐、缶、盤、匜、鑑、盂、盆、異形器、衡量器、雜兵、類別不明之器，七百三十六器；第十七冊戈戟，八百一十七器；第十八冊矛、劍鈹、雜兵、車馬器、符節，七百零三器，總計一萬一千九百八十三器〔註 28〕。又有修訂增補本，八冊，北京中華書局，2007 年出版。本書收錄先秦符節二十八器，爲迄今收錄符節類器物數量最多之著錄彙編。

〔註 28〕此處對於器數要特別說明的是，依第十八冊書末〈總目〉，第十六冊所收器數以器號來算，共有七百五十六器，但以各類細目數量加總，則爲七百三十六器，其中「雜器」之數量，《集成》言一百三十六器，但筆者統計爲一百五十六器，於此第十六冊所收器數或應以七百五十六器爲確。而第十八冊〈符節〉類，《集成》言二十七器，經筆者反覆稽核，應以二十八器爲確。

（1）節節

書　目	器　名	卷數頁碼／器號	備　註
《殷周金文集成》	節節	12086	
本文	節節	1	

（2）桼虎符

書　目	器　名	卷數頁碼／器號	備　註
《殷周金文集成》	桼虎符	12087	
本文	桼（乘）虎符	26	

（3）麘𡰥節

書　目	器　名	卷數頁碼／器號	備　註
《殷周金文集成》	麘𡰥節	12088	
本文	麘𡰥節	2	

（4）懋節

書　目	器　名	卷數頁碼／器號	備　註
《殷周金文集成》	懋節	12089	
本文	懋節	3	

（5）齊節大夫馬節

書　目	器　名	卷數頁碼／器號	備　註
《殷周金文集成》	齊節大夫馬節	12090	
本文	齊大夫馬節	4	

（6）騎傳馬節

書　目	器　名	卷數頁碼／器號	備　註
《殷周金文集成》	騎傳馬節	12091	
本文	騎傳馬節	5	

（7）亡縱熊節

書　目	器　名	卷數頁碼／器號	備　註
《殷周金文集成》	亡縱熊節	12092	
本文	亡縱熊符	27	

（8）采者節

書　　目	器　　名	卷數頁碼／器號	備　　註
《殷周金文集成》	采者節	12093	
本文	陕者墻節		疑爲僞器，詳第三章〈餘論〉

（9）王命虎符

書　　目	器　　名	卷數頁碼／器號	備　　註
《殷周金文集成》	王命虎符	12094	
本文	王命虎節（一）	6	

（10）王命虎符

書　　目	器　　名	卷數頁碼／器號	備　　註
《殷周金文集成》	王命虎符	12095	
本文	王命虎節（二）	7	

（11）王命虎符

書　　目	器　　名	卷數頁碼／器號	備　　註
《殷周金文集成》	王命虎符	12096	
本文	王命傳遽虎節	8	

（12）王命龍節

書　　目	器　　名	卷數頁碼／器號	備　　註
《殷周金文集成》	王命龍節	12097	
本文	王命龍節（一）	10	

（13）王命龍節

書　　目	器　　名	卷數頁碼／器號	備　　註
《殷周金文集成》	王命龍節	12098	
本文	王命龍節（二）	11	

（14）王命龍節

書　　目	器　　名	卷數頁碼／器號	備　　註
《殷周金文集成》	王命龍節	12099	
本文	王命龍節（三）	12	

（15）王命龍節

書　　目	器　　名	卷數頁碼／器號	備　　註
《殷周金文集成》	王命龍節	12100	
本文	王命龍節（四）	13	

（16）王命龍節

書　　目	器　　名	卷數頁碼／器號	備　　註
《殷周金文集成》	王命龍節	12101	
本文	王命龍節（五）	14	

（17）王命龍節

書　　目	器　　名	卷數頁碼／器號	備　　註
《殷周金文集成》	王命龍節	12102	
本文	王命龍節（六）	15	

（18）雁　節

書　　目	器　　名	卷數頁碼／器號	備　　註
《殷周金文集成》	雁節	12103	
本文	雁節（一）	18	

（19）雁　節

書　　目	器　　名	卷數頁碼／器號	備　　註
《殷周金文集成》	雁節	12104	
本文	雁節（二）	19	

（20）鷹　節

書　　目	器　　名	卷數頁碼／器號	備　　註
《殷周金文集成》	鷹節	12105	
本文	鷹節（一）	16	

（21）鷹　節

書　　目	器　　名	卷數頁碼／器號	備　　註
《殷周金文集成》	鷹節	12106	
本文	鷹節（二）	17	

（22）辟夫夫虎節

書　　目	器　　名	卷數頁碼／器號	備　　註
《殷周金文集成》	辟大夫虎符	12107	
本文	辟大夫虎符	20	

（23）新郪虎符

書　　目	器　　名	卷數頁碼／器號	備　　註
《殷周金文集成》	新郪虎符	12108	
本文	新郪虎符	28	

（24）杜虎符

書　　目	器　　名	卷數頁碼／器號	備　　註
《殷周金文集成》	杜虎符	12109	
本文	杜虎符	29	

（25）鄂君啟車節

書　　目	器　　名	卷數頁碼／器號	備　　註
《殷周金文集成》	鄂君啓車節	12110	
本文	鄂君啓車節（一）	22	

（26）鄂君啟車節

書　　目	器　　名	卷數頁碼／器號	備　　註
《殷周金文集成》	鄂君啓車節	12111	
本文	鄂君啓車節（二）	23	

（27）鄂君啟車節

書　　目	器　　名	卷數頁碼／器號	備　　註
《殷周金文集成》	鄂君啓車節	12112	
本文	鄂君啓車節（三）	24	

（28）鄂君啟舟節

書　　目	器　　名	卷數頁碼／器號	備　　註
《殷周金文集成》	鄂君啓舟節	12113	
本文	鄂君啓舟節	25	

4、《近出殷周金文集錄》

劉雨、盧岩著，四冊，北京中華書局，2002 年 9 月初版。收錄一、鐘鎛、鐃、鐸類一百一十七；二、鬲、甗類四十七；三、鼎類二百；四、簋類一百二十七；五、盨、簠、敦、豆五十二；六、卣類六十二；七、尊、觶類七十三；八、觚類八十；九、爵角類一百五十六；十、斝、兕觥、盉、壺、罍、方彝類八十一；十一、盤、匜、盂類三十一；十二、雜器類三十四；十三、戈戟類一百四十一；十四、矛、劍、鈹類三十七；十五、雜兵二十，總計一千二百五十八器。本書收錄先秦符節三器。

（1）王命車馹虎節

書　　目	器　　名	卷數頁碼／器號	備　　註
《近出殷周金文集錄》	王命車馹虎節	器號 1254 頁 295	
《殷周金文集成》	未收		
本文	王命車馹虎節	9	

（2）陽陵虎符

書　　目	器　　名	卷數頁碼／器號	備　　註
《近出殷周金文集錄》	陽陵虎符	器號 1255 頁 296	
《殷周金文集成》	未收		
本文	陽陵虎符		疑為偽器，詳第三章〈餘論〉

（3）櫟陽虎符

書　　目	器　　名	卷數頁碼／器號	備　　註
《近出殷周金文集錄》	櫟陽虎符	器號 1256 頁 297	
《殷周金文集成》	未收		
本文	櫟陽虎符	30	

5、《山東金文集成》

山東省博物館編，上下兩冊，濟南齊魯書社，2007 年 6 月初版。收錄（一）鐘五十二器；（二）鎛四器；（三）鐃一器；（四）鼎一百一十五器；（五）鬲四十器；（六）甗十一器；（七）簋八十八器；（八）盨十三器；（九）簠五十一器；（十）敦十五器；（十一）鉹一器；（十二）豆三器；（十三）卣四十三器；（十四）觥六器；（十五）尊二十三器；（十六）觶二十二器；（十七）

觚四十五器；（十八）爵八十六器；（十九）角六器；（二十）斝十三器；（二十一）盉十二器；（二十二）壺二十七器；（二十三）罍十七器；（二十四）盤三十五器；（二十五）匜三十器（二十六）監一器；（二十七）盆三器；（二十八）盂四器（二十九）釜二器；（三十）彝四器（三十一）雜器二十三器；（三十二）戈一百四十器；（三十三）戟六器；（三十四）矛十器；（三十五）鉞三器；（三十六）劍十一器；（三十七）鈹三器；（三十八）鐯五器；（三十九）刀三器；（四十）其他十一器。總計九百九十二器。本書收錄先秦符節一器。

（1）齊馬節

書　目	器　名	卷數頁碼／器號	備　註
《山東金文集成》	齊馬節	頁 919	頁 919 載本器之著錄有《周金》6.127，經查核實誤，《周金》6.127 為《騎傳馬節》。
《殷周金文集成》	齊節大夫馬節	12090	
本文	齊大夫馬節	4	

6、《流散歐美殷周有銘青銅器集錄》

劉雨、汪濤著，一冊，上海市上海辭書出版社，2007 年 10 月初版。收錄鬲一器、甗六器、鼎五十八器、簋四十八器、簠一器、卣三十三器、尊十七器、觶二十七器、觚四十六器、爵角七十二器、斝八器、兕觥一器、方彝六器、壺六器、罍四器、盉二器、盂二器、盤二器、匜一器、戈五器、矛一器、鉞二器、虎符一器，總計三百五十器。本書收錄先秦符節一器，有器形側身、銘文放大黑白照片。本書以收錄銘文及圖像未被《殷周金文集成》收錄，或從未見於著錄流散於歐美海外之有銘青銅器。

（1）櫟陽虎符

書　目	器　名	卷數頁碼／器號	備　註
《流散歐美殷周有銘青銅器集錄》	櫟陽虎符	器號 350 頁 350	此器銘文及圖像均未見於前人著錄。
《殷周金文集成》	未收		
本文	櫟陽虎符	30	

7、《楚系金文彙編》

劉彬徽、劉長武著，一冊，武漢湖北教育出版社，2009 年 5 月初版。本書正編目錄編號以青銅器主人名或特定名稱編爲一個號碼，共編一六〇號。每個器主號有多類、多器者則下分小號，正編收入二百七十五器：補編器號共六〇號，收入六十一器；附編收入「曾侯乙編鐘鐘架和掛鐘構件文字」、「曾侯乙編磬銘文」、「楚貨幣文字」三類。本書正編收錄先秦符節十二器。

（1）鄂君啟節

書　目	器　名	卷數頁碼／器號	備　註
《楚系金文彙編》	鄂君啓節	器號 104，頁 394	
《殷周金文集成》	鄂君啓舟節	12113	
本文	鄂君啓舟節	25	

（2）鄂君啟節

書　目	器　名	卷數頁碼／器號	備　註
《楚系金文彙編》	鄂君啓節	器號 104，頁 395	
《殷周金文集成》	鄂君啓車節	12111	
本文	鄂君啓車節（二）	23	

（3）王命龍節（其一）

書　目	器　名	卷數頁碼／器號	備　註
《楚系金文彙編》	王命龍節（其一）	1051，頁 396	
《殷周金文集成》	王命龍節	12097	
本文	王命龍節（一）	10	

（4）王命龍節（其二）

書　目	器　名	卷數頁碼／器號	備　註
《楚系金文彙編》	王命龍節（其二）	1051，頁 397	
《殷周金文集成》	王命龍節	12097	
本文	王命龍節（一）	10	

（5）王命龍節（其三）

書　目	器　名	卷數頁碼／器號	備　註
《楚系金文彙編》	王命龍節（其三）	1051，頁 398 右	
《殷周金文集成》	王命龍節	12098	
本文	王命龍節（二）	11	

（6）王命龍節（其四）

書　　目	器　　名	卷數頁碼／器號	備　　註
《楚系金文彙編》	王命龍節（其四）	1051，頁 398 左	
《殷周金文集成》	王命龍節	12099	
本文	王命龍節（三）	12	

（7）王命龍節（其五）

書　　目	器　　名	卷數頁碼／器號	備　　註
《楚系金文彙編》	王命龍節（其五）	1051，頁 399 右	
《殷周金文集成》	王命龍節	12101	
本文	王命龍節（五）	14	

（8）王命龍節（其六）

書　　目	器　　名	卷數頁碼／器號	備　　註
《楚系金文彙編》	王命龍節（其六）	1051，頁 399 左	
《殷周金文集成》	王命龍節	12102	
本文	王命龍節（六）	15	

（9）王命虎節（其一）

書　　目	器　　名	卷數頁碼／器號	備　　註
《楚系金文彙編》	王命虎節（其一）	1052，頁 400 上	
《殷周金文集成》	王命虎符	12095	
本文	王命虎節（二）	7	

（10）王命虎節（其二）

書　　目	器　　名	卷數頁碼／器號	備　　註
《楚系金文彙編》	王命虎節（其二）	1052，頁 400 下	
《殷周金文集成》	王命虎符	12096	
本文	王命傳遽虎節	8	

（11）王命虎節（其三）

書　　目	器　　名	卷數頁碼／器號	備　　註
《楚系金文彙編》	王命虎節（其三）	1052，頁 401	
《殷周金文集成》	王命虎符	12094	
本文	王命虎節（一）	6	

（12）王命車節

書　　目	器　　名	卷數頁碼／器號	備　　註
《楚系金文彙編》	王命車節	1053，頁 402～403	
《殷周金文集成》	未收		
本文	王命車馱虎節	9	

8、《近出殷周金文集錄二編》

劉雨、嚴志斌著，四冊，北京中華書局，2010 年 2 月初版。收錄一、樂器類五十四器（鐘三十、鎛二十、鐃三、鐸一）；二、蒸煮食器類二百八十五器（鬲四十一、甗三十一、鼎二百一十三）；三、盛置食器類一百四十八器（簋一百零三、盨十六、簠十七、敦五、豆三、鋚二、七二）；四、酒器類四百二十五器（卣六十一、尊四十四、觶二十九、觚六十五、爵一百零五、角十二、斝九、兕觥四、盉十四、壺四十二、罍十四、缶二、方彝八、斗二、勺四、耳盃四）〔註29〕；五、水器類五十四器（盤二十七、鑑四、匜十六、盂七）；六、雜器類七十六器；七、兵器類三百零三（戈戟二百一十三、矛十八、劍二十八、鈹二十三、雜兵二十一）；補遺一器，總計一千三百四十六器。本書收錄先秦符節一器。

（1）韓將庶虎節

書　　目	器　　名	卷數頁碼／器號	備　　註
《楚系金文彙編》	韓將庶虎節	器號 1345，頁 311	
《殷周金文集成》	未收		
本文	偏將軍虎節	21	

（二）出土報告

1、《西漢南越王墓》

廣州市文物管理委員會、中國社會科學院考古研究所、廣東省博物館編輯，分上下兩冊，北京文物出版社，1992 年 10 月初版。本書爲 1983 年出土於廣東省象崗西漢南越國第二代國王趙眜墓的考古挖掘報告，上冊爲考古挖掘之記錄報告與研究，下冊爲發掘文物之圖版圖錄。本書收錄西漢南越國虎符一器，上冊第十章〈出土文字資料匯考・一九、"王命＝車馱"銅虎節〉爲

〔註29〕酒器類器號總計四百二十五器，但細目器號器數之總計爲四百一十九器。

銘文研究，下冊有器形彩色圖版〔註30〕。

（1）王命車馹銅虎節

書　　目	器　　名	卷數頁碼／器號	備　　註
《西漢南越王墓》	王命車馹銅虎節	上冊，頁 314～316；下冊，圖版二十	
《殷周金文集成》	未收		
本文	王命車馹虎節	9	

〔註30〕 廣州市文物管理委員會、中國社會科學院考古研究所、廣東省博物館編輯：《西漢南越王墓》上冊，〈出土文字資料匯考·一九、“王命二車馹”銅虎節〉，北京：文物出版社，1992 年 10 月，頁 314～316；同書下冊，圖版二十。

第三章　先秦符節著錄總表

　　本著錄總表以器爲單位，對各器歷來之著錄專書、圖版及單篇論文盡可能進行收錄，以反映各器之研究狀況，並期望能提供研究者便於檢索使用之資料彙編。本文共收錄三十器，學者疑爲僞作之器，其器形與討論則見第三章〈餘論〉一節。然自清人著述起，相關的書目、論文期刊資料汗牛充棟，筆者學識有限，挂一漏萬實屬難免，望師長方家不吝指正。

◎凡例

一、各器著錄爲求簡明清晰，以表格方式呈現，分爲「《集成》器號」、「著錄」、「備註」三種欄位。

二、每一種著錄資料寫出完整之作者，書名，出版社（地），出版時間，卷數，頁數。不以簡稱表示。

三、在表格中著錄材料以出版年代排序，以明相關研究之時間進程。

四、器名、編排之器號排序以本文所訂定爲主，爲便於對照檢索，於各器著錄表格標註《集成》器號。

　　1、節　節

《集成》器號	12086
著　　錄	鄒安：〈節〉，《周金文存》，1916 年，卷六下，頁 129 右。
	劉體智：〈節節〉，《小校經閣金石文字》，1935 年，卷九，頁 105。
	中國社會科學院考古研究所編：〈節節〉，《殷周金文集成》，第十八冊，北京：中華書局，1994 年 12 月，器號 12086，頁 341。

2、乘虎符

《集成》器號	12087
著　　錄	羅振玉：〈棗符〉，《貞松堂集古遺文》，1930 年，卷十一，頁 12。
	容庚：〈棗虎符〉，《海外吉金圖錄》，1935 年，圖一二七。
著　　錄	嚴一萍編：〈◆虎符〉，《金文總集》，臺北：藝文印書館，1983 年 12 月，器號 7885，頁 4587。
	中國社會科學院考古研究所編：〈◆虎節〉，《殷周金文集成》，第十八冊，北京：中華書局，1994 年 12 月，器號 12087，頁 342。

3、麿尿節

《集成》器號	12088
著　　錄	鄒安：〈麿尿節〉，《周金文存》，1916 年，卷六下，頁 129 左。
	劉體智：〈麿尿節〉，《小校經閣金石文字》，1935 年，卷九，頁 105。
	中國社會科學院考古研究所編：〈麿尿節〉，《殷周金文集成》，第十八冊，北京：中華書局，1994 年 12 月，器號 12088，頁 342。

4、戀　節

《集成》器號	12089
著　　錄	中國社會科學院考古研究所編：〈戀節〉，《殷周金文集成》，第十八冊，北京：中華書局，1994 年 12 月，器號 12089，頁 342。

5、齊大夫馬節

《集成》器號	12090
著　　錄	羅振玉：〈齊夫夫牛節〉，《增訂歷代符牌圖錄》，1925 年，圖錄上，頁 2 右上。
	羅振玉：〈馬節〉，《貞松堂吉金圖》，1935 年，卷中，頁 45。
	羅振玉：〈齊馬節〉，《三代吉金文存》，1937 年，卷十八，頁 31 左，上。
	嚴一萍編：〈齊馬節〉，《金文總集》，臺北：藝文印書館，1983 年，器號 7891，頁 4590。
	中國社會科學院考古研究所編：〈齊節大夫馬節〉，《殷周金文集成》，第十八冊，北京：中華書局，1994 年 12 月，器號 12090，頁 343。
	山東省博物館：〈齊馬節〉，《山東金文集成》下冊，濟南：齊魯書社，2007 年 6 月，頁 919。

6、騎傳馬節

《集成》器號	12091
著　　錄	鄒安：〈馬符〉，《周金文存》，1916 年，卷六下，頁 127 右。
	羅振玉：〈騎□馬節〉，《增訂歷代符牌圖錄》，1925 年，圖錄上，頁 1 左下。
	黃濬：〈騎䮰馬節〉，《衡齋金石識小錄》，1935 年，上卷，頁 25。
	羅振玉：〈騎□馬節〉，《三代吉金文存》，1937 年，卷十八，頁 31 右，左上。
著　　錄	嚴一萍編：〈騎𫘤馬節〉，《金文總集》，臺北：藝文印書館，1983 年，器號 7888，頁 4589。
	中國社會科學院考古研究所編：〈騎傳馬節〉，《殷周金文集成》，第十八冊，北京：中華書局，1994 年 12 月，器號 12091，頁 343。

7、亡縱熊符

《集成》器號	12092
著　　錄	羅振玉：《增訂歷代符牌圖錄》，1925 年，圖錄上，頁 3 右。
	羅振玉：〈以縱熊節〉，《三代吉金文存》，1937 年，卷十八，頁 31 右，左上。
	嚴一萍編：〈㠯縱熊節〉，《金文總集》，臺北：藝文印書館，1983 年，器號 7889，頁 4589。
	中國社會科學院考古研究所編：〈亡縱熊節〉，《殷周金文集成》，第十八冊，北京：中華書局，1994 年 12 月，器號 12092，頁 344。

8、䣄者旃節

《集成》器號	12093
著　　錄	中國社會科學院考古研究所編：〈䣄者節〉，《殷周金文集成》，第十八冊，北京：中華書局，1994 年 12 月，器號 12093，頁 344。

9、王命虎節（一）

《集成》器號	12094
著　　錄	周世榮：〈湖南戰國秦漢魏晉銅器銘文補記〉，《古文字研究》第十九輯，北京：中華書局，1992 年 8 月，頁 255，圖四十二。
	中國社會科學院考古研究所編：〈王命虎符〉，《殷周金文集成》，第十八冊，北京：中華書局，1994 年 12 月，器號 12094，頁 345。
	劉彬徽、劉長武：〈王命虎節〉，《楚系金文彙編》，武漢：湖北教育出版社，2009 年 5 月，器號 1052，頁 401。

10、王命虎節（二）

《集成》器號	12095
著　　錄	黃濬：《尊古齋所見吉金圖》，1936 年，卷四，頁 47。
	中國社會科學院考古研究所編：〈王命虎符〉，《殷周金文集成》，第十八冊，北京：中華書局，1994 年 12 月，器號 12095，頁 345。
	劉彬徽、劉長武：〈王命虎節〉，《楚系金文彙編》，武漢：湖北教育出版社，2009 年 5 月，器號 1052，頁 400 上。

11、王命傳遽虎節

《集成》器號	12096
著　　錄	于省吾：〈王命傳賃節〉，《商周金文錄遺》，北平：科學出版社，1957 年，器號 537，頁 237。
	嚴一萍編：〈王命傳賃節〉，《金文總集》，臺北：藝文印書館，1983 年，器號 7890，頁 4590。
	中國社會科學院考古研究所編：〈王命虎符〉，《殷周金文集成》，第十八冊，北京：中華書局，1994 年 12 月，器號 12096，頁 345。
	劉彬徽、劉長武：〈王命虎節〉，《楚系金文彙編》，武漢：湖北教育出版社，2009 年 5 月，器號 1052，頁 400 下。

12、王命車馱虎節

《集成》器號	未收
著　　錄	黃展岳：〈南越王錯金虎節〉，臺北：國立故宮博物院，《故宮文物月刊》第八卷第十期，第 94 號，1991 年 1 月，頁 109。
	廣州市文物管理委員會、中國社會科學院考古研究所、廣東省博物館編輯：〈"王命＝車馱"銅虎節〉，《西漢南越王墓》，北京：文物出版社，1992 年 10 月，頁 314～316；同書下冊，圖版二十。
	劉雨、盧岩：〈王命車馱虎節〉，《近出殷周金文集錄》第四冊，北京：中華書局，2002 年 9 月，器號 1254，頁 295。
	鍾柏生、陳昭容、黃銘崇、袁國華：〈王命命車馱虎節〉，《新收殷周青銅器銘文暨器影彙編》，臺北：藝文印書館，2006 年 4 月，器號 413，頁 97。
	西漢南越王博物館：《西漢南越王博物館珍品圖錄》，北京：文物出版社，2007 年 7 月。
	劉彬徽、劉長武：〈王命虎節〉，《楚系金文彙編》，武漢：湖北教育出版社，2009 年 5 月，器號 1053，頁 402～403。

13、王命龍節（一）

《集成》器號	12097
著　　錄	〔清〕阮元：〈漢龍虎銅節〉，《積古齋鐘鼎彝器款識》，1804 年，卷十，頁 6。
	〔清〕方濬益：〈龍虎節〉，《綴遺齋彝器考釋》，1899 年，卷二十九，頁 25。
	〔清〕劉心源：〈漢龍節〉，《奇觚室吉金文述》，1902 年，卷十一，頁 7。
	劉體智：〈王命車鍵〉，《小校經閣金石文字》，1935 年，卷九，頁 106 左。
著　　錄	羅振玉：〈王命逆車鍵〉，《三代吉金文存》，1937 年，卷十八，頁 36 左。
	嚴一萍編：〈王命＝🜨節一〉，《金文總集》，臺北：藝文印書館，1983 年，器號 7895，頁 4592。
	中國社會科學院考古研究所編：〈王命龍節〉，《殷周金文集成》，第十八冊，北京：中華書局，1994 年 12 月，器號 12097，頁 346。
	劉彬徽、劉長武：〈王命虎節（其一）〉，《楚系金文彙編》，武漢：湖北教育出版社，2009 年 5 月，器號 1051，頁 396。
	劉彬徽、劉長武：〈王命虎節（其二）〉，《楚系金文彙編》，武漢：湖北教育出版社，2009 年 5 月，器號 1051，頁 397。

14、王命龍節（二）

《集成》器號	12098
著　　錄	〔清〕馮雲鵬、馮雲鵷：〈周龍虎節〉，《金石索》，1821 年，卷二，頁 103。
	嚴一萍編：〈王命＝🜨節二〉，《金文總集》，臺北：藝文印書館，1983 年，器號 7896，頁 4593。
	中國社會科學院考古研究所編：〈王命龍節〉，《殷周金文集成》，第十八冊，北京：中華書局，1994 年 12 月，器號 12098，頁 347。
	劉彬徽、劉長武：〈王命虎節（其三）〉，《楚系金文彙編》，武漢：湖北教育出版社，2009 年 5 月，器號 1051，頁 398 右。

15、王命龍節（三）

《集成》器號	12099
著　　錄	鄒安：〈龍節一〉，《周金文存》，1916 年，卷六下，頁 127 左。
	〔清〕端方：〈龍節〉，《陶齋吉金續錄》，1909 年，卷二，頁 19 左。
	嚴一萍編：〈王命＝🜨節三〉，《金文總集》，臺北：藝文印書館，1983 年，器號 7897，頁 4594。

	中國社會科學院考古研究所編：〈王命龍節〉，《殷周金文集成》，第十八冊，北京：中華書局，1994 年 12 月，器號 12099，頁 347。
	劉彬徽、劉長武：〈王命虎節（其四）〉，《楚系金文彙編》，武漢：湖北教育出版社，2009 年 5 月，器號 1051，頁 398 左。

16、王命龍節（四）

《集成》器號	12100
著　　錄	流火：〈銅龍節〉，《文物》1960 年第 8、第九期合期，頁 82。
	湖南省博物館：《湖南省文物圖錄》，1964 年，圖版五一。
	湖南省博物館、湖南考古學會：《湖南考古集刊》第一集，湖南：嶽麓書社，1982 年 11 月，圖版十四，編號 9。
著　　錄	周世榮：〈湖南出土戰國以前青銅器銘文考釋〉，《古文字研究》第十輯，北京：中華書局，1983 年 7 月，頁 279，圖版三八。
	中國社會科學院考古研究所編：〈王命龍節〉，《殷周金文集成》，第十八冊，北京：中華書局，1994 年 12 月，器號 12100，頁 348。

17、王命龍節（五）

《集成》器號	12101
著　　錄	黃濬：〈龍節〉，《衡齋金石識小錄》，1935 年，上卷，頁 24。
	黃濬：〈龍節〉，《尊古齋所見吉金圖》，1936 年，卷四，頁 46。
	嚴一萍編：〈王命＝䍆節四〉，《金文總集》，臺北：藝文印書館，1983 年，器號 7898，頁 4595。
	中國社會科學院考古研究所編：〈王命龍節〉，《殷周金文集成》，第十八冊，北京：中華書局，1994 年 12 月，器號 12101，頁 348。
	劉彬徽、劉長武：〈王命虎節（其五）〉，《楚系金文彙編》，武漢：湖北教育出版社，2009 年 5 月，器號 1051，頁 399 右。

18、王命龍節（六）

《集成》器號	12102
著　　錄	中國社會科學院考古研究所編：〈王命龍節〉，《殷周金文集成》，第十八冊，北京：中華書局，1994 年 12 月，器號 12102，頁 349。
	劉彬徽、劉長武：〈王命龍節（其六）〉，《楚系金文彙編》，武漢：湖北教育出版社，2009 年 5 月，器號 1051，頁 399 左。

19、鷹節（一）

《集成》器號	12105
著　　錄	鄒安：〈鷹符〉，《周金文存》，1916 年，卷六下，頁 126 左。
	羅振玉：〈鷹節〉，《增訂歷代符牌圖錄》，1925 年，圖錄上，頁 1 右上。
	劉體智：〈鷹節一〉，《小校經閣金石文字》，1935 年，卷九，頁 105 右，左上。
	羅振玉：〈鷹節一〉，《三代吉金文存》，1937 年，卷十八，頁 32 右，右上。
	嚴一萍編：〈鷹節二〉，《金文總集》，臺北：藝文印書館，1983 年，器號 7894，頁 4591。
	中國社會科學院考古研究所編：〈鷹節〉，《殷周金文集成》，第十八冊，北京：中華書局，1994 年 12 月，器號 12105，頁 350。

20、鷹節（二）

《集成》器號	12106
著　　錄	劉體智：〈列國鷹節〉，《善齋吉金錄》第十三冊，1934 年，頁 1。
著　　錄	劉體智：〈列國鷹節〉，《小校經閣金石文字》，1935 年，卷九，頁 105 左，左下。
	中國社會科學院考古研究所編：〈鷹節〉，《殷周金文集成》，第十八冊，北京：中華書局，1994 年 12 月，器號 12106，頁 351。

21、雁節（一）

《集成》器號	12103
著　　錄	羅振玉：〈鴈節〉，《增訂歷代符牌圖錄》，1925 年，圖錄上，頁 1 左上。
	羅振玉：〈雁節〉，《三代吉金文存》，1937 年，卷十八，頁 31 左，右下。
	嚴一萍編：〈雁節〉，《金文總集》，臺北：藝文印書館，1983 年，器號 7892，頁 4591。
	中國社會科學院考古研究所編：〈雁節〉，《殷周金文集成》，第十八冊，北京：中華書局，1994 年 12 月，器號 12103，頁 349。

22、雁節（二）

《集成》器號	12104
著　　錄	羅振玉：〈鴈節〉，《增訂歷代符牌圖錄》，1925 年，圖錄上，頁 1 右下。
	羅振玉：〈雁節〉，《三代吉金文存》，1937 年，卷十八，頁 31 左，左下。
	嚴一萍編：〈鷹節一〉，《金文總集》，臺北：藝文印書館，1983 年，器號 7893，頁 4591。
	中國社會科學院考古研究所編：〈雁節〉，《殷周金文集成》，第十八冊，北京：中華書局，1994 年 12 月，器號 12104，頁 350。

23、辟大夫虎節

《集成》器號	12107
著　　錄	羅振玉：〈辟夫夫虎節〉，《增訂歷代符牌圖錄》，1925 年，圖錄上，頁 2 右下。
	中國社會科學院考古研究所編：〈辟大夫虎符〉，《殷周金文集成》，第十八冊，北京：中華書局，1994 年 12 月，器號 12107，頁 351。

24、偏將軍虎節

《集成》器號	未收
著　　錄	中國青銅器全集編輯委員會編：《中國青銅器全集》第八冊，北京：文物出版社，1993 年。
	鍾柏生、陳昭容、黃銘崇、袁國華：〈貴將軍信節〉，《新收殷周青銅器銘文暨器影彙編》，臺北：藝文印書館，2006 年 4 月，器號 1559，頁 1067。
著　　錄	吳鎮烽：《商周金文通鑒》，2007 年，器號 19180。
	劉雨、嚴志斌：〈韓將庶虎節〉，《近出殷周金文集錄二編》，北京：中華書局，2010 年 2 月，器號 1345，頁 311。

25、新郪虎符

《集成》器號	12108
著　　錄	羅振玉：〈新郪虎符〉，《增訂歷代符牌圖錄》，1925 年，圖錄上，頁 2 右下。
	羅福頤：〈新郪虎符〉，《待時軒傳古別錄》，1928 年，頁 2 左。
	容庚：〈新郪兵符〉，《秦漢金文錄》，1931 年，卷一，頁 41。
	劉體智：〈秦新郪虎符〉，《小校經閣金石文字》，1935 年，卷九，頁 90 右。
	郭沫若：〈新郪虎符〉，《兩周金文辭大系圖錄考釋》，1935 年，圖錄，頁 292；考釋，頁 251～252。

	嚴一萍編：〈新郪虎符〉，《金文總集》，臺北：藝文印書館，1983 年，器號 7886，頁 4588。
	中國社會科學院考古研究所編：〈新郪虎符〉，《殷周金文集成》，第十八冊，北京：中華書局，1994 年 12 月，器號 12108，頁 352。

26、陽陵虎符

《集成》器號	未收
著　　錄	羅振玉：〈秦甲兵虎符〉，《歷代符牌圖錄》，1914 年，頁 1。
	羅振玉：〈甲兵虎符〉，《秦金石刻辭》1914 年，卷二，頁 7。
	羅振玉：〈甲兵虎符〉，《廬郭草堂古金圖》卷中，1917 年，頁 26。
	羅福頤：〈陽陵虎符〉，《待時軒傳古別錄》，1928 年，頁 2 左。
	容庚：〈陽陵兵符〉，《秦漢金文錄》，1931 年，卷一，頁 40。
	劉體智：〈秦陽陵虎符〉，《小校經閣金石文字》，1935 年，卷十四，頁 89。
	王輝：〈陽陵虎符〉，《秦銅器銘文編年集釋》，西安：三秦出版社，1990 年 7 月，頁 106。
	劉雨、盧岩：《近出殷周金文集錄》第四冊，北京：中華書局，2002 年 9 月，器號 1255，頁 295。

27、杜虎符

《集成》器號	12109
著　　錄	黑光：〈西安市郊發現秦國杜虎符〉，《文物》1979 年第九期，頁 94
	嚴一萍編：〈杜虎符〉，《金文總集》，臺北：藝文印書館，1983 年，器號 7887，頁 4589。
	中國社會科學院考古研究所編：〈杜虎符〉，《殷周金文集成》，第十八冊，北京：中華書局，1994 年 12 月，器號 12109，頁 353。

28、櫟陽虎符

《集成》器號	未收
著　　錄	《英國倫敦富士比行拍賣檔案》，1941 年 4 月，24，頁 320。
	劉雨、盧岩：《近出殷周金文集錄》第四冊，北京：中華書局，2002 年 9 月，器號 1256，頁 297。
	劉雨、汪濤：《流散歐美殷周有銘青銅器集錄》，上海：上海辭書出版社，2007 年 10 月，器號 350，頁 350。

29、鄂君啟車節（一）

《集成》器號	12110
著　　錄	郭沫若：〈關於"鄂君啓節"的研究〉，《文物參考資料》1958 年第四期（總第九十二期），頁 7（二）；頁 9，圖版二。
	中國文化研究所編：《文物精華》第二冊，台北：中國文化研究所，1960 年，頁 16 左；頁 50 左。
	于省吾：〈鄂君啓節考釋〉，《考古》1963 年第八期，圖版八右。
	嚴一萍編：〈鄂君啟車節〉，《金文總集》，臺北：藝文印書館，1983 年，器號 7899，頁 4596。
	湯餘惠：〈鄂君啓節〉，《戰國銘文選》，長春：吉林大學出版社，1993 年 9 月，頁 43。
	中國社會科學院考古研究所編：〈噩君啓車節〉，《殷周金文集成》，第十八冊，北京：中華書局，1994 年 12 月，器號 12110，頁 354。

30、鄂君啟車節（二）

《集成》器號	12111
著　　錄	郭沫若：〈關於"鄂君啓節"的研究〉，《文物參考資料》1958 年第四期（總第九十二期），頁 7（三）；頁 9，圖版二。
	中國科學考古研究所：《新中國的考古收獲》，北京：文物出版社，1961 年 12 月，圖版五三之一。
	于省吾：〈鄂君啓節考釋〉，《考古》1963 年第八期，圖版八右。
	徐中舒：〈鄂君启節（乙）〉《殷周金文集錄》，成都：四川人民出版社，1984 年 2 月，器號 875，頁 473。
	安徽省博物館：《安徽省博物館藏青銅器》，上海：上海人民美術出版社，1987 年 5 月，圖版七九左。
	中國社會科學院考古研究所編：〈噩君啓車節〉，《殷周金文集成》，第十八冊，北京：中華書局，1994 年 12 月，器號 12111，頁 356。
	劉彬徽、劉長武：〈鄂君啓節〉，《楚系金文彙編》，武漢：湖北教育出版社，2009 年 5 月，器號 104，頁 395。

31、鄂君啟車節（三）

《集成》器號	12112
著　　錄	郭沫若：〈關於"鄂君啓節"的研究〉，《文物參考資料》1958 年第四期，頁 7（四）。
	中國社會科學院考古研究所編：〈噩君啓車節〉，《殷周金文集成》，第十八冊，北京：中華書局，1994 年 12 月，器號 12112，頁 357。

32、鄂君啟舟節

《集成》器號	12113
著　　錄	郭沫若：〈關於"鄂君啟節"的研究〉，《文物參考資料》1958 年第四期（總第九十二期），頁 7（一）；頁 9，圖版一。
	中國文化研究所編：《文物精華》第二冊，台北：中國文化研究所，1960 年，頁 16 右；頁 50 右。
	于省吾：〈鄂君啟節考釋〉，《考古》1963 年第八期，圖版八左。
	嚴一萍編：〈鄂君啟舟節〉，《金文總集》，臺北：藝文印書館，1983 年，器號 7900，頁 4597。
	徐中舒：〈鄂君启節（甲）〉，《殷周金文集錄》，成都：四川人民出版社，1984 年 2 月，器號 874，頁 472。
	安徽省博物館：《安徽省博物館藏青銅器》，上海：上海人民美術出版社，1987 年 5 月，圖版七九右。
	湯餘惠：〈鄂君啟節〉，《戰國銘文選》，長春：吉林大學出版社，1993 年 9 月，頁 43。
	中國社會科學院考古研究所編：〈噩君啟舟節〉，《殷周金文集成》，第十八冊，北京：中華書局，1994 年 12 月，器號 12113，頁 358。
	劉彬徽、劉長武：〈鄂君啟節〉，《楚系金文彙編》，武漢：湖北教育出版社，2009 年 5 月，器號 104，頁 394。

第四章　先秦符節研究文獻要目

第一節　前　言

　　對於初學的研究者來說，參考前輩學人研究成果的引用文獻、徵引書目可說是研究入門之基礎工作，初學研究者能按圖索驥檢索資料，藉以認識文獻材料之性質、明材料之源流與出處、培養收集整理材料的能力，吸收前人研究的成果和養分。因此筆者認為研究文獻要目的編纂，不論是對於個人研究能力的增長或是提供學界研究有助益的參考資料，都有相當程度的學術價值。而各種主題的研究文獻要目、論著目錄或研究目錄編纂付印成為專書，亦不少見，其中編纂的形式，有僅列出文獻的詳細資料者，形式較為簡易；有除了文獻資料亦加以撰寫提要、摘錄重點者，能反映編纂者的評價及閱讀心得。兩種編纂形式的研究要目都有其優點提供研究者使用。而與文字學研究相關的研究要目，例如蔡信發先生《一九四九年以來臺灣地區《說文》論著專題研究》、徐在國先生編著《戰國文字論著目錄索引》〔註1〕都為學者帶來使用上的便利。與一般學位論文、學術期刊論文後所記載的參考書目、徵引文獻資料不同的是，研究文獻要目是針對專門的主題和材料進行盡可能的資料蒐集和紀錄，不論是研究專書、單篇直接相關的研究論文，或是在專書中曾提及相關的研究討論，都是研究要目著錄的範圍。在蒐集文獻材料的過程中，對文獻材料的採錄取捨、所見材料的範圍廣度，也都反映研究者的學識廣博及對文獻材料的認知。當然採集資料的完整性會因個人所見所聞的廣

〔註1〕　蔡信發：《一九四九年以來臺灣地區《說文》論著專題研究》，臺北：文津出版社，2005年；徐在國：《戰國文字論著目錄索引》三冊，北京：線裝書局，2007年。

度而有所侷限，而研究者諸家自然會不斷的著述，新出論文的發表可說如雨後春筍，持續的收錄增補，也難以滴水不漏，十全十美，但學界同好間的琢磨砥礪，各種主題的研究文獻要目的增訂補編，必然會愈趨完備，提供學界便利、正確，具備高學術價值的研究基礎材料。

　　本先秦符節研究文獻要目之編纂體例，承自許學仁師所編著的多種出土文獻研究要目〔註2〕，而本文《鄂君啓節》的研究文獻要目，就是在許學仁師〈《鄂君啓節》研究文獻要目〉〔註3〕的基礎上加以增補而成。下文將材料性質分爲「專著」、「學位論文」、「期刊論文」，材料按照年代排序，外文資料爲獨立部份同樣進行資料之分類及排序。收錄資料之期限至 2012 年 4 月底爲

〔註2〕 已公開發表之研究要目共有：《簡帛研究》網站：〈荊門郭店一號楚墓楚簡研究文獻要目〉，2003 年 6 月 1 日，http://www.jianbo.org/admin3/list.asp?id=578；〈河南信陽長台關楚簡研究文獻要目〉，2003 年 6 月 1 日，http://www.jianbo.org/admin3/list.asp?id=583；〈長沙仰天湖楚簡研究文獻要目〉，2003 年 6 月 1 日，http://www.jianbo.org/admin3/list.asp?id=584；〈江陵望山楚墓竹簡研究文獻要目〉，2003 年 6 月 1 日，http://www.jianbo.org/admin3/list.asp?id=586。武漢大學簡帛研究中心《簡帛》網：〈河北定州八角廊村 M40 西漢墓竹簡《論語》研究要目〉，2006 年 11 月 05 日，http://www.bsm.org.cn/show_article.php?id=453；〈夕陽坡二號墓戰國楚簡研究文獻目錄〉，2006 年 11 月 01 日；〈河南信陽長台關楚簡研究文獻要目〉，2006 年 10 月 25 日，http://www.bsm.org.cn/show_article.php?id=443；〈河南新蔡葛陵平夜君成墓楚簡研究要目〉，2006 年 10 月 08 日，http://www.bsm.org.cn/show_article.php?id=433；〈江陵秦家嘴楚墓卜筮祭禱簡研究要目〉，2006 年 10 月 01 日，http://www.bsm.org.cn/show_article.php?id=431；〈湖南省慈利縣石板村 36 號墓戰國楚簡研究文獻目錄〉，2006 年 9 月 20 日，http://www.bsm.org.cn/show_article.php?id=423；〈長沙仰天湖楚簡研究文獻要目〉增訂稿，2006 年 08 月 13 日，http://www.bsm.org.cn/show_article.php?id=397；〈江陵九店 56 號墓及 621 號墓楚簡研究要目〉，2006 年 08 月 06 日，http://www.bsm.org.cn/show_article.php?id=394；《秦駰禱病玉牘》考釋及研究論著目錄（1999～2005）〉，2006 年 07 月 05 日，http://www.bsm.org.cn/show_article.php?id=376；〈龍崗秦簡研究文獻要目（1990～2002）〉，2006 年 07 月 19 日，http://www.bsm.org.cn/show_article.php?id=382；〈青川秦牘研究文獻要目〉，2006 年 07 月 30 日，http://www.bsm.org.cn/show_article.php?id=387。〈長沙子彈庫戰國楚帛書研究文獻要目〉，《經學研究論叢》第八輯，臺北：台灣學生書局，2000 年 3 月，頁 359～368。劉信芳《子彈庫楚墓出土文獻研究‧楚帛書序錄》引用，台北：藝文印書館，頁 185～224；並爲何新《宇宙的起源——《楚帛書》與《夏小正》新考》全文收錄爲〔附錄〕，北京：中國民主法制出版社，2008 年 8 月，頁 132～147。
〔註3〕 武漢大學簡帛研究中心《簡帛》網，2006 年 8 月 20 日，http://www.bsm.org.cn/show_article.php?id=402。

限。筆者學識有限，必有挂一漏萬之失，尚祈學者方家賜正，以補缺漏。

第二節　研究文獻要目

　　下文將先秦符節以「專著」、「學位論文」、「期刊論文」爲序，於「期刊論文」之下再細分爲《虎符》、《龍節》、《鷹節》、《雁節》、《馬節》、《鄂君啓節》，以清眉目。

一、專　著

　　王國維：《觀堂集林》。

【案】〈秦新郪虎符跋〉，《觀堂集林》卷十八，〈史林十〉。

　　　　〈秦陽陵虎符跋〉，《觀堂集林》卷十八，〈史林十〉。

1981

　　羅福頤：《商周秦漢青銅器辨僞錄》，香港：香港中文大學中國文化研究所，吳多泰中國語文研究中心，1981 年 11 月。

【案】本書附《商周秦漢銅器銘文辨僞補遺》論杜虎符爲僞器，頁 49～51。

　　　　論杜陽虎符（東郡虎符）爲僞器，頁 49。

1987

　　陳煒湛、唐鈺明：《古文字學綱要》，廣州：中山大學出版社，1987 年 6 月。

【案】〈中編　分論・第三章　戰國文字・第四節　金文（符節文）、貨布文・

　　　　一、金文（符節文）〉，頁 151～153。

1988

　　陳世輝、湯餘惠：《古文字學概要》，長春：吉林大學出版社，1988 年 12 月。

【案】〈104 新郪虎符〉，頁 236。

　　　　〈105 王命龍節〉，頁 236～237。

　　　　〈106　鄂君啓節〉，頁 237～238。

1989

　　何琳儀：《戰國文字通論》，北京：中華書局，1989 年 4 月

【案】〈第三章　戰國文字分域概述・第三節　燕系文字〉，頁 93，燕系符節。

〈第三章　戰國文字分域概述‧第五節　楚系文字〉，頁 135，楚系符節。

〈第三章　戰國文字分域概述‧第六節　秦系文字〉，頁 158，秦虎符。

【又案】訂補本，江蘇：江蘇教育出版社，2003 年 1 月。

〈第三章　戰國文字分域概述‧第二節　齊系文字〉，頁 87，齊系符節。

〈第三章　戰國文字分域概述‧第三節　燕系文字〉，頁 102，燕系符節。

〈第三章　戰國文字分域概述‧第五節　楚系文字〉，頁 149～150，楚系符節。

〈第三章　戰國文字分域概述‧第六節　秦系文字〉，頁 184，秦虎符。

1990

上海博物館商周青銅器銘文選編寫組編、馬承源主編：《商周青銅器銘文選》（四），北京：文物出版社，1990 年。

【案】六五九〈鄂君啓節〉，頁 432～435。

　　　六八三〈王命傳〉，頁 445。

王輝：《秦漢銅器銘文編年集釋》，西安：三秦出版社，1990 年 7 月

【案】〈杜虎符〉，頁 38～40。

〈新郪虎符〉，頁 101～102。

〈陽陵虎符〉，頁 106～107。

1992

廣州市文物管理委員會、中國社會科學院考古研究所、廣東省博物館編輯：《西漢南越王墓》，北京：文物出版社，1992 年 10 月。

【案】〈第十章　出土文字資料匯考‧一九、“王命＝車駐”銅虎節〉，頁 314～316。

1993

湯餘惠：《戰國銘文選》，長春：吉林大學出版社，1993 年 9 月。

【案】〈銅龍節〉，《戰國銘文選‧符節》，頁 51。

〈新郪虎符〉，《戰國銘文選‧符節》，頁 52。

〈杜虎符〉，《戰國銘文選‧符節》，頁 53。

〈鄂君啓節〉，《戰國銘文選‧符節》，頁 43～50。

1998

周鳳五、林素清《鄂君啓節研究》,【行政院國家科學委員會專題研究計畫成果報告】NSC87-2411-H-002-045,頁1～24,1998年10月30日。

崔恒昇:《安徽出土金文訂補》,合肥:黃山書社,1998年11月。

【案】八〇鄂君啓節(戰國時期),頁219～237。

1999

陳偉武:《簡帛兵學文獻探論》,廣州:中山大學出版社,1999年11月。

【案】第四章　軍器及題銘與簡帛兵學文獻·第三節　軍器題銘·四、戰國
　　　秦漢虎符集錄,頁131～136。

2003

陳昭容:《秦系文字研究——從漢字史的角度考察》,台北:中央研究院歷史語言研究所,2003年7月。

【案】〈第五章　秦兵甲之符〉,頁247～268。

2012

閆志:〈中國國家博物館藏"王命傳遽"虎節考〉,《中國國家博物館館刊》2012年第四期(總第106期),頁140～146。

2007

鄒芙都:《楚系銘文綜合研究》,成都:巴蜀書社,2007年11月。

【案】第二章　楚系銘文綜考

　　　(一一四)鄂君啓節,頁164～168。

　　　(一一八)王命銅龍節,頁173～175。

　　　(一一九)錯金車馹虎節,頁175～176。

　　　(一二〇)傳賃虎節,頁176～177。

二、學位論文

1979

許學仁:《先秦楚文字研究》,台北:國立臺灣師範大學國文研究所碩士論文,1979年6月。

【案】輯入《國立台灣師範大學國文研究所集刊》第二十四號(上冊),頁519

～740，1980 年 6 月。

1982

沈寶春：《《商周金文錄遺》考釋》，台北：國立臺灣師範大學國文研究所碩士論文，1982 年 6 月。

【案】《王命傳賃節》考釋，頁 827～829。

【又案】後正式出版爲：《《商周金文錄遺》考釋》（上中下冊），臺北：花木蘭文化工作坊，2005 年 12 月。

1997

馮勝君：《戰國燕系古文字考古資料綜述》，長春：吉林大學古籍研究所碩士論文，1997 年 5 月。

【案】〈第六章　燕國雜器綜述・一、符節類〉，頁 77～78，釋《鷹節》、《雁節》、《馬節》。

黃靜吟：《楚金文研究》，高雄：國立中山大學中國文學研究所博士論文，1997 年 6 月。

【案】〈第六章　楚金文考釋・二、釋賸〉，頁 186～188，釋《鄂君啓節》中的「賸」字爲「續」。

2001

蘇建洲：《戰國燕系文字研究》，台北：國立臺灣師範大學國文研究所碩士論文，2001 年 6 月。

【案】〈第十章　結論・四、燕系文字材料的特色・四、青銅符節〉簡述材料研究特色，頁 261。

〈下編：文字考釋　壹、燕系文字研究・二、青銅器・（三）青銅符節〉，考釋《鷹節》、《雁節》、《馬節》銘文，頁 297～298。

三、期刊論文

中文部分

（一）《虎符》

1948

唐蘭：〈新郪虎符作於秦王政十七年滅韓後〉，《申報》文史版，民國 37

年（1948 年）6 月 26 日。

1975

侯錦郎：〈新郪虎符的再現及其在先秦軍事、雕塑及書法研究上的意義〉，《故宮季刊》第十卷第一期，台北：國立故宮博物院，民國 64 年（1975），頁 35～77。

1979

陳直：〈秦兵甲之符考〉，《西北大學學報》1979 年第一期，頁 72。

黑光：〈西安市郊發現秦國杜虎符〉，《文物》1979 年第九期，頁 93～94。

1981

馬非百：〈關於秦國杜虎符之鑄造年代〉，《史學月刊》1981 年第一期，頁 20～21。

1982

羅福頤：〈杜陽虎符辨僞〉，《文物》1982 年第三期，頁 62。

1983

朱捷元：〈秦國杜虎符小議〉，《西北大學學報（哲學社會科學版）》1983 年第一期，頁 53～55。

那志良：〈古玉介紹之 8：虎符〉，《故宮文物》第一卷第八期，台北：國立故宮博物院，民國 72 年（1983）11 月，頁 26～28。

戴應新：〈秦杜虎符的眞僞及其有關問題〉，《考古》1983 年第十一期，頁 1012～1013。

時習之：〈虎符——中國古代軍事文書〉，《浙江檔案》1983 年第十一期，頁 30～31。

胡順利：〈關于秦國杜虎符的鑄造年代〉，《文物》1983 年第八期，頁 88。

1985

陳尊祥：〈杜虎符眞僞考辨〉，《文博》1985 年第六期，頁 25～29。

1990

張克復：〈我國古代的軍事符契檔案——新郪虎符及其它〉，《檔案》1990

年第六期，34～35。

1991

黃展岳：〈新發現的南越國虎節〉，臺北：國立故宮博物院，《故宮文物月刊》第八卷第十期，第 94 號，1991 年 1 月，頁 108～111。

王輝：〈周秦器銘考釋（五篇）〉，《考古與文物》1991 年第六期，頁 75～81。【案】五、東郡虎符，頁 79～81，並考辨東郡虎符爲僞器。

何琳儀：〈南越王墓虎節考〉，《汕頭大學學報（人文科學版）》1991 年第三期（1991 年 6 月）（總第二十五期），頁 26～27。

1992

周世榮：〈湖南戰國秦漢魏晉銅器銘文補記〉，《古文字研究》第十九輯，北京：中華書局，1992 年 8 月，頁 196～281。【案】三、符節，介紹《王命銅虎節》、《甲兵銅符節》，頁 205～206。

1993

李家浩：〈貴將軍虎節與辟大夫虎節——戰國符節銘文研究之一〉，《中國歷史博物館館刊》，1993 年第二期，頁 50～55。

許英才：〈秦漢虎符述略〉，《中華學苑》第四十三期，台北：國立政治大學中文系，民國 82 年 3 月（1993 年 3 月），頁 79～110。

饒宗頤：〈南越文王墓虎節考釋〉，《考古學研究》，西安：三秦出版社，1993 年 10 月，頁 614～615。

1994

王關成：〈漫說秦漢虎符〉，《文史知識》1994 年第十二期，頁 54～58。

1995

王關成：〈東郡虎符考〉，《考古與文物》1995 年第一期，頁 64～65。

王關成：〈再談東郡虎符辨僞〉，《考古與文物》1995 年第二期，頁 60～62。

陳昭容：〈戰國至秦的符節——以實物資料爲主〉，《中央研究院歷史語言研究所集刊》第 66 本第一分，台北：中央研究院歷史語言研究所，民國 84

年 3 月（1995 年 3 月），頁 305～366。

王關成：〈秦漢虎符的特徵及演變〉，《歷史月刊》第八十七期，民國 84 年 4 月（1995 年 4 月），頁 94～97。

1996

木子：〈古代調兵的憑證：虎符〉，《中州今古》1996 年第五期，頁 46。

王人聰：〈南越王墓出土虎節考釋〉，《盡心集——張政烺先生八十慶壽論文集》，北京：中國社會科學出版社，1996 年 11 月，頁 162～168。
【案】又輯入王人聰：《古璽印與古文字論集》，香港：香港中文大學文物館，
　　　2000 年，頁 341～345。

1998

曾維華：〈秦國杜虎符鑄造年代考〉，《學術月刊》1998 年第五期，頁 79～80。

李家浩：〈南越王墓車馹虎節銘文考釋——戰國符節銘文研究之四〉，《容庚先生百年誕辰紀念文集》（古文字研究專號），廣州：廣東人民出版社，1998 年，頁 662～671。

孫瑞：〈從《睡虎地秦墓竹簡》看秦國憑證及憑證文書〉，《吉林大學古籍整理研究所建所十五週年紀念文集》，長春：吉林大學出版社，1998 年 12 月，頁 311～321。

2003

潘路、姚青芳：〈陽陵虎符的科學研究〉，《科技考古論叢》第三輯，2003 年 8 月，頁 96～98。

2003

潘路、姚青芳：〈陽陵虎符的科學研究〉，《科技考古論叢》第三輯，2003 年 8 月，頁 96～98。

2012

閆志：〈中國國家博物館藏“王命傳遽”虎節考〉，《中國國家博物館館刊》2012 年第四期（總第 106 期），頁 140～146。

王輝：（“秦新郪虎符”析疑），《古文字研究》第二十九輯，北京：中華

書局，2012 年 10 月，頁 752～754。

（二）《龍節》

1946

唐蘭：〈王命傳考〉，北京大學《國學季刊》六卷四號，1946 年，頁 61～73。

【案】又輯入《唐蘭先生金文論集》，北京：紫禁城出版社，1995 年 10 月，頁 53～61。

1960

流火：〈銅龍節〉，《文物》1960 年第 8、第九期合期，頁 82。

1961

石志廉：〈對“銅龍節”一文的商榷〉，《文物》1961 年第一期，頁 72。

1993

湯餘惠：〈銅龍節〉，《戰國銘文選·符節》，吉林大學出版社，1993 年 9 月，頁 51。

1998

李家浩：〈傳賃龍節銘文考釋——戰國符節銘文研究之三〉，《考古學報》，1998 年第一期，頁 1～10。

【案】又輯入李家浩：《著名中年語言學家自選集·李家浩卷》，合肥：安徽教育出版社，2002 年 4 月，頁 101～116。

（三）《鷹節》

1972

朱德熙、裘錫圭：〈戰國文字研究（六種）〉，《考古學報》1972 年第一期，頁 73～89。

【案】遽駔考，考釋「𰯆」字為「遽」。

【又案】又輯入《朱德熙古文字論集》，北京：中華書局，1995 年 2 月，頁 31～53。

1998

李家浩：〈傳遽鷹節銘文考釋——戰國符節銘文研究之二〉，《海上論叢》

第二輯，1998 年，頁 17～33。

【案】又輯入李家浩：《著名中年語言學家自選集・李家浩卷》，合肥：安徽
　　　教育出版社，2002 年 4 月，頁 82～100。

　　（四）《馬節》

1990

　　吳振武：〈燕馬節補考——兼釋戰國時代的「射」字〉，《中國古文字研究
會第八屆年會論文》，江蘇太倉，1990 年 11 月，頁 1～10。

　　（五）《鄂君啟節》

1958

　　郭沫若：〈關於“鄂君啓節”的研究〉，《文物參考資料》1958 年第四期（總
第九十二期），頁 3～7。

　　殷滌非、羅長銘：〈壽縣出土的“鄂君啓金節”〉，《文物參考資料》1958
年第四期（總第九十二期），頁 8～11。

1959

　　李學勤：〈戰國題銘概述（下）〉，《文物參考資料》1959 年第九期，頁 58
～61。

【案】論及符節研究，頁 60。

1962

　　譚其驤：〈鄂君啓節銘文釋地〉，《中華文史論叢》第二輯，北京：中華書
局，1962 年 11 月，頁 169～190。

1963

　　紐仲勛：〈鄂君啓節銘文釋地一文對安徽歷史地理研究的意義〉，《安徽日
報》1963 年 1 月 8 日。

　　張振林：〈“榜徒”與“一榜飤之”新詮〉，《文物》1963 年第三期，頁
48～49。

　　商承祚：〈鄂君啓節考〉，《文物精華》第二集，北京：文物出版社，1963
年 4 月，頁 49～55。

【案】又輯入商承祚：《商承祚文集》，廣州：中山大學出版社，2004 年 11 月，

頁 416～427。

于省吾：〈鄂君啓節考釋〉，《考古》1963 年第八期，頁 442～447。

1964

黃盛璋：〈關於鄂君啓節地理考證與交通路線的復原問題〉，《中華文史論叢》第五輯，北京：中華書局，1964 年 6 月，頁 143～168。又收入《歷史地理論集》，人民出版社，1982 年 6 月，頁 263～285。

譚其驤：〈再論鄂君啓節地理答黃盛璋同志〉，《中華文史論叢》第五輯，北京：中華書局，1964 年 6 月，頁 169～193。

【案】又輯入譚其驤：《長水集（下）》，北京：人民出版社，1987 年 7 月，頁 212～232。

1965

殷滌非：〈鄂君啓節兩個地名簡說〉，《中華文史論叢》第六輯，北京：中華書局，1965 年 8 月，頁 82。

【案】又《札記兩則》，1965 年 8 月油印本。又《商周考古簡編》二之三，1986 年，黃山書社。

商承祚：〈談鄂君啓節銘文中幾個文字和幾個地名等問題〉，《中華文史論叢》第六輯，北京：中華書局，1965 年 8 月，頁 143～158。

【案】又輯入《文史集林》第四輯，台北：木鐸出版社，1981 年 1 月，頁 13 ～22；曾憲通主編《古文字與漢語史論集》，廣州：中山大學出版社，2002 年 7 月，頁 6～13；商承祚：《商承祚文集》，廣州：中山大學出版社，2004 年 11 月，頁 416～427。

商承祚：〈寫在鄂君啓節考後〉，《商承祚文集》，廣州：中山大學出版社，2004 年 11 月，頁 430～433。

【案】作者自題本文作於 1965 年 11 月。

1980

曾憲通：〈楚月名初探——兼論昭固墓竹簡的年代問題〉，《中山大學學報》1980 年第一期，頁 97～107。

【案】輯入《古文字研究》第五輯，1981 年 1 月，中華書局，頁 303～320。又輯入《楚地出土文獻三種研究》，北京：中華書局，1993 年 8 月，頁

343～361；《曾憲通學術文集》，汕頭：汕頭大學出版社，2002 年 7 月，
頁 181～200。

裘錫圭：〈戰國文字中的市〉，《考古學報》1980 年第三期，頁 285～296。
【案】《鄂君啓節》「𣲐」釋爲「市」。
【又案】又輯入裘錫圭：《古文字論集》，北京：中華書局，1992 年 8 月，頁
　　　　454～468。

1981

曹錦炎、吳振武：〈釋戕〉，《吉林大學社會科學學報》1981 年第二期（總
第四十四期），頁 24～25。

1982

熊傳新、何光岳：〈鄂君啓節舟節中江湘地名新考〉，《湖南師院學報（哲
學社會科學版）》1982 年第三期，頁 85～90。

陳蔚松：〈鄂君啓舟節與屈原《哀郢》研究〉，《華中師院學報（哲學社會
科學版）》1982 年增刊（總第三十八期），頁 16～35。
【案】又輯入楊昶・陳蔚松等著《出土文獻探頤》，北京：崇文書局，2005 年
　　　6 月，頁 90～125。

黃盛璋：〈再論鄂君啓節交通路線復原與地理問題〉，湖北省楚史研究會、
武漢師範學院學報編輯部合編：《楚史研究專輯》，1982 年，頁 65～86。
【案】又載於《安徽史學》1988 年第二期，頁 16～31。

劉和惠：〈鄂君啓節新探〉，《考古與文物》1982 年第五期，頁 60～65。

黃盛璋：〈鄂君啓節地理問題若干補正〉，《歷史地理論集》，北京：人民
出版社，1982 年 6 月，頁 286～288。

李裕民：〈古文字考釋四種〉，《古文字研究》第七輯，北京：中華書局，
1982 年 6 月，頁 25～30。
【案】本文（二）釋賖，釋爲賖爲「賖」，讀作「鎔」，頁 26～28。

孫劍鳴：〈鄂君啓節續探〉，《安徽省考古學會刊》1982 年第六輯。
【案】又輯入《中國古文字大系・金文文獻集成》第二十九冊，〈現代文獻・
　　　銘文與考釋・單器與器群・散篇（東周・楚）〉，頁 332。

1983

許學仁：〈楚文字考釋〉，《中國文字》新七期，San Francisco：美國藝文印書館，1983 年 4 月，頁 83～153。

【案】共考釋《鄂君啓節》[字]爲「當」、[字]爲「革」、[字]爲「檐」、[字]爲「棹」、[字]爲「襄」、[字]爲「乘」、[字]爲「歲」、[字]爲「府」、[字]爲「內」、[字]爲「毀」、[字]爲「夏」、[字]爲「艕」、[字]爲「馬」、[字]爲「織」、[字]爲「繁」、[字]爲「箭」、[字]爲「甌」共十七字考釋。

楊向奎：〈釋屯〉，《繹史齋學術文集》，上海人民出版社，1983 年 6 月，頁 545～546。

【案】將《鄂君啓節》「屯」字釋爲「准」。

李裕民：〈古字新考〉，《古文字研究》第十輯，北京：中華書局，1983 年 7 月，頁 109～121。

【案】本文　二、釋[字][字][字][字][字][字][字]，釋車節之[字]字爲「兔」，頁 115～116。

姚漢源：〈鄂君啓節釋文〉，《安徽考古學會會刊》第七輯，1983 年。

【案】又刊載《古文字研究》第十輯，北京：中華書局，1983 年 7 月，頁 199～203。

劉宗漢：〈金文札記三則〉，《古文字研究》第十輯，北京：中華書局，1983 年 7 月，頁 127～137。

【案】第一則爲"襄陵及襄陵之戰"，第二則爲"鄂君啓不是鄂君子晳"。

1984

黃盛璋：〈楚銘刻中"陵""陲"的考辨及其相關問題〉，《安徽史學》1984 年第一期，頁 41～46。

【案】釋[字]爲「陵」字。

1985

劉先枚：〈釋[字]〉，《江漢考古》1985 年第三期（總第十六期），頁 73～74。

【案】把「[字]」釋爲「台」，讀爲「貨」。

1986

陳偉：〈《鄂君啓節》之"鄂"地探討〉，《江漢考古》1986 年第二期（總第十九期），頁 88～90。

【案】又輯入陳偉：《燕說集》，北京：商務印書館，2011 年 11 月，頁 33〜39。

李零：〈楚國銅器銘文編年匯釋〉，《古文字研究》第十三輯，北京：中華書局，1986 年 6 月，頁 353〜397。

【案】（十三）《鄂君啓節》，頁 368〜372。

曹錦炎：〈東陲鼎蓋考釋——兼釋「𠂤」字〉，《古文字研究》第十四輯，北京：中華書局，1986 年 6 月，頁 45〜49。

【案】認爲楚地有以「陲」字代替「陵」之慣例。

1987

陳懷荃：〈東陵考釋〉，楚文化研究會編：《楚文化研究論集》第一集，荊楚書社，1987 年 1 月，頁 268〜280。

【案】（三）考辨「澮江」及「爰陵」之地望，頁 278〜280。

劉信芳：〈釋 𣓿 郢〉，《江漢考古》1987 年第一期，頁 78〜83。

【案】將「𣓿郢」釋爲「郊郢」，爲郢都外郊祀柴祭之所，而爲楚王之遊宮。

姚漢源：〈戰國時期長江中游的水運——鄂君啓節試釋〉，《中國水運史研究》1987 年第二期。

1988

黃盛璋：〈再論鄂君啓節交通路線復原與地理問題〉，《安徽史學》1988 年第二期，頁 16〜31。

鄭剛：〈戰國文字中的"陵"和"李"〉，《中國古文字學研究會成立十周年學術研討會論文》，1988 年 8 月，頁 1〜15。

【案】又輯入鄭剛：《楚簡道家文獻辨証》，汕頭大學出版社，2004 年 3 月，頁 61〜75。

何琳儀：〈長沙銅量銘文補釋〉，《江漢考古》1988 年第四期，頁 97〜101。

【案】將《鄂君啓節》「𣓿郢」釋爲「葴郢」，讀爲「郊郢」。

1989

朱德熙、李家浩：〈鄂君啓節考釋（八篇）〉，《紀念陳寅恪先生誕辰百年學術論文集》，北京：北京大學出版社，1989 年，頁 61〜70。

【案】又輯入《朱德熙古文字論集》，北京：中華書局，1995 年 2 月，頁 189

～202。

張中一：〈《鄂君啓金節》路線新探〉，《求索》1989 年第三期，頁 126～128。

陳偉：〈《鄂君啓節》與楚國的免稅問題〉，《江漢考古》1989 年第三期（總第三十二期），頁 52～58。

1991

邱德修：〈從鄂君啓節銘文看楚國的水陸交通及經濟實力〉，台南：國立成功大學中文系：《慶祝蘇雪林教授九秩晉五華誕國際學術研討會論文集》，1991 年 4 月，頁 5-1～5-21。

【案】又輯入邱德修：《曉堂學術論文集》，臺北：五南圖書出版公司，1995年 11 月，頁 570～596。

謝元震：〈鄂君啓節銘文補釋〉，《中國歷史博物館館刊》1991 年 5 月，總第十五、十六期，頁 152～153。

黃錫全：〈“藏郢”辨析〉，楚文化研究會編：《楚文化研究論集》第二輯，湖北：湖北人民出版社，1991 年 6 月，頁 311～324。

【案】本文輯入黃錫全：《古文字與古貨幣文集》，文章有刪節，並加入作者補記，北京：文物出版社，2009 年 5 月，頁 333～339。

1993

徐少華：〈昭陽伐魏及其相關問題辨析〉，《江漢論壇》，1993 年第四期，頁 59～62。

【案】又輯入徐少華：《荊楚地歷史地理與考古探研》，北京：商務印書館，2010 年 11 月，頁 92～101。

何琳儀：〈句吳王劍補釋——兼釋冢、主、开、丂〉，《第二屆國際中國古文字學研討會論文集》，香港：香港中文大學中國語言及文學系，1993 年 10月，頁 249～263。

【案】將鄂君啓舟節的「𦥯」字隸定爲「舿」讀爲「舸」。

吳振武：〈鄂君啓節“舿”字解〉，《第二屆國際中國古文字學研討會論文集》，香港：香港中文大學中國語言及文學系，1993 年 10 月，頁 273～292。

1994

羅長銘:〈鄂君啓節新探〉,《羅長銘集》,安徽:黃山書社,1994 年 12 月,頁 73～114。

1996

李零:〈古文字雜識(兩篇)〉,《于省吾教授誕辰 100 週年紀念文集》,長春:吉林大學出版社,1996 年 9 月,頁 270～274。

【案】二、釋😀、🚶和💰,將😀釋為「就」之簡省寫法,為抵達或到之意;將💰讀為「僦」,指傭用舟車載運,也可以指運費所值。

徐少華:〈包山楚簡釋地五則〉,《江漢考古》1996 年第四期,頁 60～65。

【案】釋「襄陵」條,地望於今河南睢縣。

【又案】又輯入徐少華:〈包山楚簡釋地〉,《荊楚地歷史地理與考古探研》,北京:商務印書館,2010 年 11 月,頁 226～229。

徐少華:〈包山楚簡釋地八則〉,《中國歷史地理論叢》1996 年第四期,頁 91～104。

【案】釋「邔」之地望即湖北省鍾祥縣北境漢水東岸一帶。

【又案】又輯入徐少華:〈包山楚簡釋地〉,《荊楚地歷史地理與考古探研》,北京:商務印書館,2010 年 11 月,頁 212～214。

1997

徐少華:〈"包山楚簡"地名數則考釋〉,《武漢大學學報》(哲學社會科學板)1997 年第四期(總第二三一期),頁 102～108。

【案】"繁丘　繁陽"條(頁 104～105)考辨包山楚簡"繁陽"與《〈鄂君啓節〉之"繁陽"當屬一地,並考證其地望。

【又案】又輯入徐少華:〈包山楚簡釋地〉,《荊楚地歷史地理與考古探研》,北京:商務印書館,2010 年 11 月,頁 190～267

孔仲溫:〈再釋望山卜筮祭禱簡文字兼論其相關問題〉,《第八屆中國文字學全國學術研討會論文集》,1997 年,頁 37～56。

【案】四、釋塗,將鄂君啓舟節「😀」字釋為「庚」,「經」、「至」之意。又輯入《孔仲溫教授論學集》,台北:台灣學生書局,2002 年 3 月,頁 293～325。

李倩:〈論楚國與周邊各國各民族之經濟聯繫〉,《江淮論壇》1997 年第十

二期，頁 51～56。

1998

劉信芳：〈從 ![字] 之字匯釋〉，《容庚先生百年誕辰紀念文集》，廣東：廣東人民出版社，1998 年 4 月，頁 607～618。

【案】十、![字]，「![字]」字釋爲「陵」從字形難解，而以偏旁「![字]」爲「差」省形，而有古音歧讀爲「夌」解之。

陳偉：〈郭店楚簡別釋〉，《江漢考古》1998 年第四期，頁 67～72。

【案】第二則考證《老子》甲本第十九簡"以逾甘露"條，傳本作"以降甘露"，"逾"與"降"對應，兼考辨《鄂君啓節・舟節》中"逾"字，表示與"上"相反之航程，當指"沿江而下"。

【又案】又輯入陳偉：《燕說集》，北京：商務印書館，2011 年 11 月，頁 250～261。

2000

李家浩：〈鄂君啓節銘文中的高丘〉，《古文字研究》第二十二輯，北京：中華書局，2000 年 7 月，頁 138～140。

何琳儀：〈鄂君啓舟節釋地三則〉，《古文字研究》第二十二輯，北京：中華書局，2000 年 7 月，頁 141～145。

曹錦炎：〈釋「兔」〉，《古文字研究》第二十輯，北京：中華書局，2000 年 3 月，頁 184～191。

【案】將《鄂君啓節》![字]釋爲「兔」。

王輝：〈釋 ![字]、![字]〉，《古文字研究》第二十二輯，北京：中華書局，2000 年 7 月，頁 146～149。

2003

蘇建洲：〈說楚文字中的「紀郢」〉，簡帛研究網站，http://www.jianbo.org/Wssf/2003/sujianzhou12.htm，2003 年 3 月 6 日。

【案】將《鄂君啓節》![字]釋爲「莢」或「萩」。

2004

楊小英：〈《鄂君啓節》所見楚史三題研究〉，《江漢論壇》2004 年第四期，

頁 80～82。

范麗梅：〈論鄂君啓節「屍」字〉，《中國文學研究》第十八期，民國 93
年 6 月（2004 年 6 月），頁 1～22。

2005

張后銓：〈鄂君啓節價值與東鄂地望考略〉，《鄂州大學學報》2005 年第二
期，2005 年 3 月，頁 51～55。

馮勝君：〈戰國楚文字「黽」字用作「龜」字補議〉，中國文字學會、河
北大學漢字研究中心編：《漢字研究（第一輯）》，2005 年 6 月，頁 477～479。

張世超：〈釋"逸"〉，《中國文字研究》第六輯，南寧：廣西教育出版社，
2005 年 10 月，頁 8～10。

2007

董珊：〈讀《上博六》雜記〉，武漢大學簡帛研究中心網站，
http://www.bsm.org.cn/show_article.php?id＝603，2007 年 7 月 10 日。
【案】將鄂君啓舟節的「𦨶」字釋爲「舿」讀爲「航」。

劉和惠：〈鄂君啓節札記九則〉，楚文化研究會編：《楚文化研究論集》第
七集，長沙：岳麓書社，2007 年 9 月，頁 108～114。

2008

王愛民：〈鄂君啓節中的 𣓀 及相關諸字〉，《大慶師範學院學報》2008 年
第四期，頁 83～87。

王志平：〈"羆"字的讀音及相關問題〉，《古文字研究》第二十七輯，北京：
中華書局，2008 年 9 月，頁 394～398。

2009

陳偉：〈《鄂君啓節》——綿延 30 年的研讀〉，武漢大學簡帛研究中心網
站，2009 年 8 月 25 日，http://www.bsm.org.cn/show_article.php?id＝1136。
【案】又輯入陳偉：《新出楚簡研讀·附錄三《鄂君啓節》——綿延 30 年的
研讀》，武漢：武漢大學出版社，2010 年 3 月，頁 334～346。

2010

邱德修：〈戰國「羆」字新證〉，《第十二屆中區文字學學術研討會論文集》，

台中：靜宜大學，2010 年 6 月，頁 1～24。

【案】將「罷」字以二聲字釋之，應讀爲「一」。

陳劍：〈試說戰國文字中寫法特殊的“亢”和從“亢”諸字〉，《出土文獻與古文字研究》第三輯，上海：復旦大學出版社，2010 年 7 月，頁 152～182。

【案】將鄂君啓舟節的「𦩻」字讀爲「航」。

2011

單育辰：〈佔畢隨錄之十三〉，復旦大學出土文獻與古文字研究中心網站，http://www.gwz.fudan.edu.cn/SrcShow.asp?Src_ID＝1363，2011 年 1 月 8 日。

【案】將鄂君啓舟節的「𦩻」字釋「舽」讀爲「舫」。

【又案】又正式刊載於單育辰：〈談清華簡中的「艇舟」〉，《出土文獻》第二輯，上海：中西書局，2011 年 11 月，頁 39～42。

黃錦前：〈談兩周金文中的“余”和“舍”〉，復旦大學出土文獻與古文字研究中心網站，http://www.gwz.fudan.edu.cn/Srcshow.asp?Src_ID＝1585，2011 年 1 月 15 日。

【案】又正式刊載於黃錦前：〈談兩周金文中的“舍”字〉，《出土文獻》第二輯，上海：中西書局，2011 年月 11 月，頁 159～171。

新亭：〈從鄂君啓節談到綱〉，復旦大學出土文獻與古文字研究中心網站，http://www.gwz.fudan.edu.cn/Srcshow.asp?Src_ID＝1585，2011 年 7 月 7 日。

劉和惠：〈鄂君啓節“鄂”地辨析〉，《楚文化研究論集》第九集，上海：上海古籍出版社，2011 年 7 月，頁 2～10。

【案】（1）認爲楚地無「東、西鄂」之稱，楚國鄂地即江南的鄂邑。

（2）舟節銘文中的「𣱶」字非「油」字，應從舊釋爲「湖」。

鄭威：〈楚“鄂君”、“鄂縣”綜考〉，《楚文化研究論集》第九集，上海：上海古籍出版社，2011 年 7 月，頁 54～63。

【案】（1）《鄂君啓節》之「鄂君」與《包山》簡之「鄂君」同爲楚懷王時的封君，二人應爲同一人。

（2）「鄂」即「西鄂」，在今河南省南陽市以北一帶。

李元芝：〈鄂君車節方城、兔禾、汝墳考〉，《楚文化研究論集》第十集，武漢：湖北美術出版社，2011 年 10 月，頁 208～214。

【案】（1）方城爲修建於楚國北境山上的一座關隘城防，在今葉縣保安鎮西
北十里的楊令莊村南的花頭山（即苦茱山）上。

（2）《車節》雹𥃩爲「兔禾」，非「象河」。

（3）《車節》中的「汝墳」應在今葉縣遵化店鎮的滍水北岸汝墳橋村附
近。

劉和惠：〈鄂地的再探討〉，《楚學論叢》（第一輯），武漢：湖北人民出版
社，2011 年 12 月，頁 45～49。

2012

晏昌貴：〈譚其驤先生與《鄂君啓節》銘文地理研究〉，復旦大學歷史地
理研究中心主編：《譚其驤先生百年誕辰紀念文集》，上海：上海人民出版社，
2012 年 5 月，頁 395～402。

日文部分

1964

佐藤武敏：〈先秦時代の關と關稅（先秦時代的關和關稅）〉，《甲骨學》
第十輯，1964 年 7 月，頁 158～173，總頁 1186～1201。

1972

船越昭生：〈鄂君啓節について（關於鄂君啓節）〉，《東方學報》第四十
三冊，京都大學人文社會科學院，1972 年，頁 55～95。

1997

谷口滿：〈鄂君啓節鄂地探索〉，《歷史》第八十九輯（東北史學會 50 週
年紀念號），1997 年，頁 158～177。

2009

太田麻衣子：〈鄂君啓節からみた楚の東漸〉，東洋史研究會編：《東洋史
研究》第六十八卷第二號，2009 年 9 月，頁 159～190。

2010

三輪健介：〈鄂君啓節と鄂の所在地〉，大阪郵政考古學會編：《郵政考古
紀要》2010 年第十二期（總第五十期），頁 196～224。

附錄：《鄂君啓節》研究資料

一、前　言

　　《鄂君啓節》於 1957 年出土於安徽省壽縣東郊的丘家花園，當時一共出土四枚金節，1960 年於安徽省壽縣又發現金節一枚，依據銘文內容與形制的不同，學者將其中二枚名爲「舟節」；三枚名爲「車節」〔註1〕，《舟節》長三十一公分，寬七點三公分，厚零點七到零點八公分，銘文九行，每行十八字，重文、合文各一字，共一百六十四字；《車節》長二十九公分，寬七點三公分，厚零點七到零點八公分，銘文九行，每行十八字，重文一字、合文三字，共一百四十八字〔註2〕。兩類金節具有多方面的研究價值，其中包括了官制、紀年、地理、運輸、關稅等記載，許學仁師言《鄂君啓節》有「通文字、明地理、考官制、曉關法」四事，足證其重要的研究價值〔註3〕，亦是迄今對於了解楚國關稅制度、運輸規定及地理方位最爲重要的材料。觀察研究者對於《鄂君啓節》研究的歷程，殷滌非、羅長銘兩位先生及郭沫若先生、商承祚先生、

〔註1〕 關於鄂君啓節詳細的發現經過可參殷滌非、羅長銘：〈壽縣出土的"鄂君啓金節"〉，《文物參考資料》1958 年第四期（總第九十二期），頁 8；1960 年發現金節的記載見商承祚：〈鄂君啓節考〉，《文物精華》第二集，北京：文物出版社，1963 年 4 月，頁 49，本文亦最早將金節名爲「舟節」、「車節」分爲兩類討論。

〔註2〕 引自許學仁師：《先秦楚文字研究》（台北：國立臺灣師範大學國文研究所碩士論文，1979 年 6 月），頁 90。

〔註3〕 詳參許學仁師：《先秦楚文字研究》（台北：國立臺灣師範大學國文研究所碩士論文，1979 年 6 月），頁 93～95。

于省吾先生先後對於《鄂君啓節》作了全面的釋文討論〔註4〕，爲後續學者們的研究立定了基礎，當時限於楚系文字材料侷限而猶豫不定的問題，現今隨著材料的不斷出土，也得到了很好的解答，但絕對仍有繼續深究的空間。

但其後並不見如研究初期對於鄂君啓節作全面探討的文章，其中的地理方位與交通路線的復原問題成爲研究的焦點，譚其驤與黃盛璋兩位先生先後對於地理方位與交通路線寫過多篇討論的專文〔註5〕，討論地理問題的學者亦不在少數〔註6〕，舟節與車節運行路線的大致輪廓，學者間也逐漸取得了共識，但在詳細的地望、運輸進行的方式、運輸路程的規定上，同樣值得繼續考究。

本附表一爲《鄂君啓車節》、《鄂君啓舟節》行款及字形摹本表，以明行列、字數、上下文對應關係、字形，可對金節的整體形式有清楚的認識。附表二則依據本文第三章對《鄂君啓車節》、《鄂君啓舟節》文字的考釋成果，對金節中記載的地望做出定名，再由各地望間的相對位置，繪製於《鄂君啓節》研究中重要的運輸路線，以求「明地理」之效果，推求昔日楚國商旅往來運輸的景象。

〔註 4〕 殷滌非、羅長銘：〈壽縣出土的"鄂君啓金節"〉，《文物參考資料》1958年第四期（總第九十二期），頁8～11；郭沫若：〈關於"鄂君啓節"的研究〉，《文物參考資料》1958年第四期（總第九十二期），頁3～7；商承祚：〈鄂君啓節考〉，《文物精華》第二集，北京：文物出版社，1963年4月，頁49～55；于省吾：〈鄂君啓節考釋〉，《考古》1963年第八期，頁442～447。

〔註 5〕 譚其驤：〈鄂君啓節銘文釋地〉，《中華文史論叢》第二輯，北京：中華書局，1962年11月，頁169～190；黃盛璋：〈關於鄂君啓節交通路線的復原問題〉，《中華文史論叢》第五輯，北京：中華書局，1964年6月，頁143～168；譚其驤：〈再論鄂君啓節地理答黃盛璋同志〉，《中華文史論叢》第五輯，北京：中華書局，1964年6月，頁169～193；黃盛璋：〈鄂君啓節地理問題若干補正〉，《歷史地理論集》，北京：人民出版社，1982年6月，頁286～288。

〔註 6〕 如〔日〕船越昭生：〈鄂君啓節について（關於鄂君啓節）〉，《東方學報》第四十三冊，京都大學人文社會科學院，1972年，頁55～95，本文提出了「鄂」即西鄂南陽的說法；陳偉：〈《鄂君啓節》之"鄂"地探討〉，《江漢考古》1986年第二期（總第十九期），頁88～90，本文將「逾油」之「油」讀爲「淯」即「淯水」俗名白河；陳蔚松：〈鄂君啓舟節與屈原《哀郢》研究〉，《華中師院學報（哲學社會科學版）》1982年增刊（總第三十八期），頁16～35等文都對先秦楚地的地理考釋有很大的幫助。

附表一：《鄂君啓節》行款及字形摹本表

一、《鄂君啓車節》行款及字形摹本表

9	8	7	6	5	4	3	2	1	
金	舟	車	攴	載	同	辨	夕	大	1
箙	櫜	白	櫓	金	啓	安	乙	司	2
聑	舟	襌	徒	單	立	王	亏	發	3
申	舟	夸	毛	能	衛	貪	坐	習	4
遊	尙	舟	廿	笥	瞻	鈴	日	孫	5
申	笙	舟	櫓	攴	墨	月	王	歠	6
金	舟	笙	安	蒙	金	叚	在	啓	7
杪	下	舟	堂	攴	笥	將	汵	干	8
刢	舒	舟	車	牛	車	歲	裁	汵	9
天	舟	陛	安	攴	五	月	裡	轄	10
貝	佫	舟	安	蒙	●	遂	立	陸	11

								12
								13
								14
								15
								16

二、《鄂君啓舟節》行款及字形摹本表

9	8	7	6	5	4	3	2	1	
									1
									2
									3
									4
									5
									6
									7
									8
									9

									10
									11
									12
									13
									14
									15
									16
									17
									18

附表二：《鄂君啓節》運輸路線示意圖

【說明】

一、本運輸路線示意圖之地圖底本引用自譚其驤：〈鄂君啓節銘文釋地〉（《中華文史論叢》第二輯，北京：中華書局，1962 年 11 月），頁 170 所繪製之地圖。再經筆者對舟節路線、車節路線、地名重新標示繪製而成。

二、本運輸路線示意圖之地望、地名均依本論文《鄂君啓舟節》、《鄂君啓車節》校釋彙編之討論標著，難以確定者於地名後加（？）以示存疑，尚待確論。

三、因古地名歷時既久，不易確認相對之現代地名，故於位置及比例尺上必有所失誤，望師長方家不吝賜正。

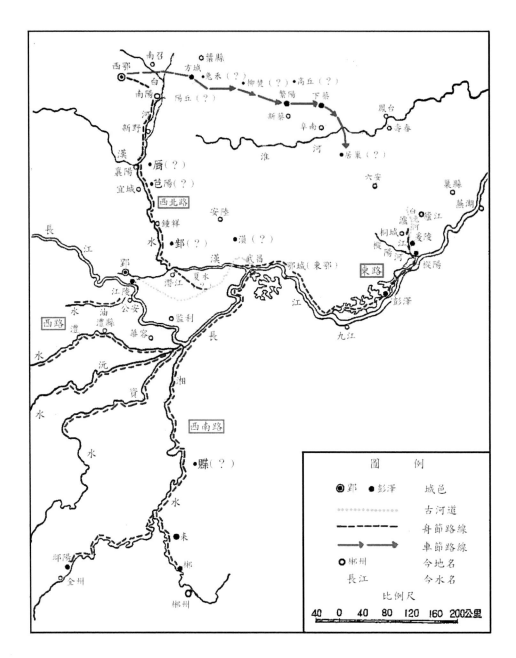

《鄂君啟節》運輸路線示意圖

本文引用材料及簡稱表

簡稱／名稱	全稱及出處
《合集》	《甲骨文合集》
《古璽彙編》	《古璽彙編》
《集成》	《殷周金文集成》
《曾侯乙》	《曾侯乙墓》
《包山》	《包山楚墓》
《郭店》	《郭店楚墓竹簡》
《九店》	《九店楚簡》
《上博》（一）～（七）	《上海博物館藏戰國楚竹書》（一）～（七）
《先秦編》	《中國錢幣大辭典・先秦編》
《齊幣圖釋》	《齊幣圖釋》
《信陽》	《信陽楚簡》
《新蔡》	《新蔡葛陵楚墓》
《溫縣盟書》	《新出簡帛研究》〔註1〕
《陶文圖錄》	《陶文圖錄》
《侯馬》	《侯馬盟書》
《天星觀》	《楚系簡帛文字編（增訂本）》〔註2〕
《貨幣大系》	《中國歷代貨幣大系1・先秦貨幣》
《古錢》	《古錢大辭典》
《睡虎地》	《睡虎地秦墓竹簡》
《清華簡》	《清華大學藏戰國竹簡（壹）》

〔註1〕 《溫縣盟書》相關圖版皆引自艾蘭、邢文主編：《新出簡帛研究》，北京：文物出版社，2004年12月。

〔註2〕 《天星觀》楚簡字形摹本引自滕壬生：《楚系簡帛文字編（增訂本）》，武漢：湖北教育出版社，2008年10月。

備註：

一、本文甲骨文字形引均自中國科學院考古研究所編輯：《甲骨文編》；金文字形則引自容庚：《金文編》〔註 3〕，不另行加註。如有其他來源則另行加註。

二、本文造字字形主要使用中央研究院資訊科學研究所文獻處理實驗室研發之「漢字構形資料庫 2.52 版」。本資料庫未收錄之字形，則由筆者自行造字，不另說明。

〔註 3〕 中國科學院考古研究所編輯：《甲骨文編》，北京：中華書局，1965 年 9 月；容庚：《金文編》，北京：中華書局，2009 年 9 月。

引用及參考書目

一、專　書

1、典　籍

1. 〔漢〕孔安國傳、〔唐〕孔穎達疏：《尚書注疏》，台北：藝文印書館，1979年。

2. 〔漢〕鄭玄注、〔唐〕賈公彥疏：《周禮注疏》，台北：藝文印書館，1979年。

3. 〔漢〕鄭玄注、〔唐〕賈公彥疏：《儀禮注疏》，台北：藝文印書館，1979年。

4. 〔漢〕鄭玄注、〔唐〕孔穎達疏：《禮記注疏》，台北：藝文印書館，1979年。

5. 〔戰國〕孟子、〔漢〕趙岐注、孫奭疏：《孟子注疏》，台北：藝文印書館，1979年。

2、先秦諸子

1. 〔戰國〕韓非著、〔清〕王先慎撰：《韓非子集解》，北京：中華書局，1998年7月。

2. 黎翔鳳撰、梁運華整理：《管子校注》，北京：中華書局，2004年6月。

3. 〔漢〕劉安編，何寧撰：《淮南子集釋》，北京：中華書局，1998年10月。

4. 曹勝高、安娜注：《中華經典藏書——六韜鬼谷子》，北京：中華書局，2007年4月。

5. 吳毓江注：《墨子校注》，北京：中華書局，1993年10月。

6. 〔清〕王先謙撰：《荀子集解》，北京：中華書局，1988年9月。

7. 陳奇猷校釋：《呂氏春秋新校釋》（上海：上海古籍出版社，2001 年）。

3、史　書

1. 〔漢〕司馬遷著、〔日〕瀧川龜太郎注：《史記會注考證》，臺北：萬卷樓出版社，1993 年 8 月。
2. 〔漢〕班固撰、〔唐〕顏師古注：《漢書》，北京：中華書局，1964 年 11 月。
3. 〔晉〕杜預：《春秋左傳集解》，臺北：新興書局，1989 年。
4. 楊伯峻編著：《春秋左傳注（修訂本）》，北京：中華書局，2000 年 7 月。

4、小　學

1. 〔東漢〕許慎著、〔清〕段玉裁注：《新添古音說文解字注》，臺北：洪葉文化事業有限公司，2005 年 10 月。
2. 〔東漢〕劉熙著、〔清〕畢沅疏證，王先謙補：《釋名疏證補》，北京：中華書局，1998 年 6 月。
3. 周祖謨校注：《爾雅校箋》，昆明：雲南人民出版社，2004 年 11 月。
4. 中華書局編輯部：《小學名著六種》，北京：中華書局，1998 年 11 月。

5、出土文獻、古文字

1. 郭沫若：《金文叢考》，北京：人民出版社，1954 年 6 月。
2. 中山大學古文字學研究室編：《戰國楚簡研究（三）》，廣州：中山大學，1977 年。
3. 郭沫若：《郭沫若全集·考古編第九卷（石鼓文研究、詛楚文考釋）》，北京：科學出版社，1982 年 9 月。
4. 高田忠周：《古籀篇》（全五冊），臺北：大通書局，1982 年。
5. 陳煒湛、唐鈺明：《古文字學綱要》，廣州：中山大學出版社，1987 年 6 月。
6. 陳世輝、湯餘惠：《古文字學概要》，長春：吉林大學出版社，1988 年 12 月。
7. 饒宗頤、曾憲通：《楚地出土文獻三種研究》，北京：中華書局，1993 年 8 月。
8. 高明：《中國古文字學通論》，北京：北京大學出版社，1996 年 6 月。
9. 陳偉：《包山楚簡初探》，武昌：武漢大學出版社，1996 年 8 月。
10. 楊樹達：《積微居金文說》，北京：中華書局，1997 年 12 月。
11. 何琳儀：《戰國文字通論（訂補）》，江蘇：江蘇教育出版社，2003 年 1 月。
12. 趙誠：《二十世紀金文研究述要》，太原：書海出版社，2003 年 1 月。

13. 陳昭容：《秦系文字研究——從漢字史的角度考察》，台北：中央研究院歷史語言研究所，民國 92 年（2003）7 月。

14. 馮勝君：《論郭店簡《唐虞之道》、《忠信之道》、《語叢》一～三以及上博簡《緇衣》爲具有齊系文字特點的抄本》，北京大學博士後研究工作報告，2004 年 8 月。

15. 季師旭昇：《說文新證》（上冊），臺北：藝文印書館，2004 年 10 月。

16. 艾蘭、邢文主編：《新出簡帛研究》，北京：文物出版社，2004 年 12 月。

17. 劉釗：《郭店楚簡校釋》福州：福建人民出版社，2005 年 1 月。

18. 劉釗：《古文字構形學》，福州：福建人民出版社，2006 年 1 月。

19. 王輝：《商周金文》，北京：文物出版社，2006 年 12 月。

20. 趙立偉：《魏三體石經古文輯證》，北京：社會科學文獻出版社，2007 年 9 月。

21. 鄒芙都：《楚系銘文綜合研究》，成都：巴蜀書社，2007 年 11 月。

22. 季師旭昇：《說文新證》（下冊），臺北：藝文印書館，2008 年 3 月。

23. 陳偉主編：《楚地出土戰國簡冊〔十四種〕》，北京：科學經濟出版社，2009 年 9 月。

6、青銅器

1. 福開森：《歷代著錄吉金目》，臺北：臺灣商務印書館，1971 年。

2. 邱德修：《商周金文總目》，臺北：五南出版社，1985 年。

3. 羅福頤：《商周秦漢青銅器辨僞錄》，香港：香港中文大學中國文化研究所，吳多泰中國語文研究中心，1981 年 11 月。

4. 上海博物館商周青銅器銘文選編寫組編、馬承源主編：《商周青銅器銘文選》（一），北京：文物出版社，1986 年。

5. 上海博物館商周青銅器銘文選編寫組編、馬承源主編：《商周青銅器銘文選》（二），北京：文物出版社，1987 年。

6. 上海博物館商周青銅器銘文選編寫組編、馬承源主編：《商周青銅器銘文選》（三），北京：文物出版社，1988 年。

7. 上海博物館商周青銅器銘文選編寫組編、馬承源主編：《商周青銅器銘文選》（四），北京：文物出版社，1990 年。

8. 中國社會科學院考古研究所編：《《殷周金文集成》釋文》，香港：香港中文大學出版社，2001 年 10 月。

9. 徐蜀主編：《國家圖書館藏金文研究資料叢刊》，北京：北京圖書館出版社，2004 年。

10. 沈師寶春：《《商周金文錄遺》考釋》（上中下冊），臺北：花木蘭文化工作

坊，2005 年 12 月。

11. 容庚：《商周彝器通考》，上海：上海人民出版社，2008 年 8 月。

7、歷史地理

1. 陳偉：《楚東國地理研究》，武昌：武漢大學出版社，1992 年 11 月。

2. 徐少華：《周代南土歷史地理與文化》，武昌：武漢大學出版社，1994 年 11 月。

3. 楊寬：《戰國史》，臺北：台灣商務印書館，1997 年。

8、出土文獻材料報告、圖版、圖錄

1. 中國社會科學院考古研究所編；郭沫若主編；胡厚宣總編輯：《甲骨文合集》，北京：中華書局，1982 年。

2. 國家文物局古文獻研究室編：《馬王堆漢墓帛書〔參〕》，北京：文物出版社，1983 年。

3. 河南省文物研究所：《信陽楚墓》，北京：文物出版社，1986 年 3 月。

4. 湖北省博物館：《曾侯乙墓》（上），北京：文物出版社，1989 年 7 月。

5. 睡虎地秦墓竹簡整理小組：《睡虎地秦墓竹簡》，北京：文物出版社，1990 年 9 月。

6. 湖北省荊沙鐵路考古隊：《包山楚簡》，北京：文物出版社，1991 年 10 月。

7. 湖北省荊沙鐵路考古隊：《包山楚墓》，北京：文物出版社，1991 年 12 月。

8. 湖北省文物考古研究所，北京大學中文系編：《望山楚簡》，北京：中華書局，1995 年 6 月。

9. 湖北省文物考古研究所：《江陵望山沙冢楚墓》，北京：文物出版社，1996 年 4 月。

10. 荊門市博物館：《郭店楚墓竹簡》，北京：文物出版社，1998 年 5 月。

11. 湖北省文物考古研究所，北京大學中文系編：《九店楚簡》，北京：中華書局，2000 年 5 月。

12. 河南省文物考古研究所：《新蔡葛陵楚墓》，鄭州：大象出版社，2003 年 10 月。

13. 馬承源主編：《上海博物館藏戰國楚竹書（一）》，上海：上海古籍出版社，2001 年 11 月。

14. 馬承源主編：《上海博物館藏戰國楚竹書（二）》，上海：上海古籍出版社，2002 年 12 月。

15. 馬承源主編：《上海博物館藏戰國楚竹書（三）》，上海：上海古籍出版社，2003 年 11 月。

16. 馬承源主編：《上海博物館藏戰國楚竹書（四）》，上海：上海古籍出版社，

2004 年 11 月。

17. 馬承源主編：《上海博物館藏戰國楚竹書（五）》，上海：上海古籍出版社，2005 年 12 月。

18. 馬承源主編：《上海博物館藏戰國楚竹書（六）》，上海：上海古籍出版社，2007 年 7 月。

19. 清華大學出土文獻研究與保護中心：《清華大學藏戰國竹簡（壹）》，上海：中西書局，2011 年 1 月。

9、文字編、字書

1. 中國科學院考古研究所編輯：《甲骨文編》，北京：中華書局，1965 年 9 月。

2. 張守中：《中山王嚳器文字編》，北京：文物出版社，1981 年 5 月。

3. 羅福頤：《古璽文編》，北京：文物出版社，1981 年 10 月。

4. 張光裕主編，袁國華合編：《包山楚簡文字編》，台北：藝文印書館，1992 年 11 月。

5. 張光裕、滕壬生、黃錫全主編：《曾侯乙墓竹簡文字編》，台北：藝文印書館，1997 年 1 月。

6. 李守奎編著：《楚文字編》，上海：華東師範大學出版社，2003 年 12 月。

7. 李守奎、曲冰、孫偉龍主編：《上海博物館藏戰國楚竹書（一～五）文字編》，北京：作家出版社，2007 年 12 月。

8. 滕壬生：《楚系簡帛文字編（增訂本）》，武漢：湖北教育出版社，2008 年 10 月。

9. 〔清〕顧藹吉：《隸辨》，北京：中華書局，2009 年 11 月。

10. 〔宋〕夏竦：《新集古文四聲韻》，北京：北京圖書館出版社，2003 年 7 月。

11. 容庚：《金文編》，北京：中華書局，2009 年 9 月。

12. 孫剛：《齊文字編》，福州：福建人民出版社，2010 年 1 月。

13. 〔宋〕郭忠恕、夏竦：《汗簡、古文四聲韻》（古代字書輯刊合刊），北京：中華書局，2010 年 9 月。

10、學者文集、論文集

1. 王國維：《觀堂集林》，台北：河洛圖書出版社，1975 年 3 月。

2. 于省吾：《殷契駢枝全編》，臺北：藝文印書館，1975 年 11 月。

3. 湖南省博物館、湖南考古學會：《湖南考古集刊》第一集，湖南：嶽麓書社，1982 年。

4. 楚文化研究會編：《楚文化研究論集》第一集，長沙：荊楚書社，1987 年

1 月。

5. 楚文化研究會編：《楚文化研究論集》第二輯，湖北：湖北人民出版社，1991 年。

6. 廣東炎黃文化研究會：《容庚先生百年誕辰紀念文集》，廣東：廣東人民出版社，1998 年 4 月。

7. 香港中文大學中國考古藝術研究中心：《南中國及鄰近地區古文化研究——慶祝鄭德坤教授從事學術活動六十週年論文集》，香港：中文大學出版社，1994 年。

8. 羅長銘：《羅長銘集》，安徽：黃山書社，1994 年 12 月。

9. 朱德熙：《朱德熙古文字論集》，北京：中華書局，1995 年 2 月。

10. 李學勤：《李學勤學術文化隨筆》，北京：中國青年出版社，1999 年 1 月。

11. 李家浩：《著名中年語言學家自選集·李家浩卷》，合肥：安徽教育出版社，2002 年 4 月。

12. 石泉：《古代荊楚地理新探增訂本》，台中：高文出版社，2004 年 5 月。

13. 商承祚：《商承祚文集》，廣州：中山大學出版社，2004 年 11 月。

14. 劉釗：《古文字考釋叢稿》，長沙：岳麓書社，2005 年 7 月。

15. 楚文化研究會編：《楚文化研究論集》第七輯，長沙：岳麓書社，2007 年 9 月。

16. 張光裕、黃德寬主編：《古文字學論稿》，合肥：安徽大學出版社，2008 年 4 月。

17. 黃錫全：《古文字與古貨幣文集》，北京：文物出版社，2009 年 5 月。

18. 復旦大學出土文獻與古文字研究中心編：《出土文獻與古文字研究》第三輯，上海：復旦大學出版社，2010 年 7 月。

19. 徐少華：《荊楚歷史地理與考古探研》，北京：商務印書館，2010 年 11 月。

11、總表、辭典、彙編

1. 柯濟昌：《金文分域編》，民國 24 年（1935）《餘園叢刻》本，收入徐蜀主編：《國家圖書館藏金文研究資料叢刊》第二冊，北京：北京圖書館出版社，2004 年。

2. 李孝定：《甲骨文字集釋》，臺北：中央研究院歷史語言研究所，1974 年。

3. 郭錫良：《漢字古音手冊》，北京：北京大學出版社，1986 年 11 月。

4. 汪正慶主編：《中國歷代貨幣大系 1·先秦貨幣》，上海：上海人民出版社，1988 年 4 月。

5. 王輝：《古文字通假釋例》，臺北：藝文印書館，1993 年 4 月。

6. 魏嵩山主編：《中國歷史地名大辭典》，廣東：廣東教育出版社，1995 年 5

月。

7. 《中國錢幣大辭典》編纂委員會：《中國貨幣大辭典·先秦編》，北京：中華書局，1995 年。

8. 山東省錢幣學會編：《齊幣圖釋》，山東：齊魯書社，1996 年 8 月。

9. 何琳儀：《戰國古文字典：戰國文字聲系》全二冊，北京：中華書局，1998 年 9 月。

10. 王恩田：《陶文圖錄》（全六冊），濟南：齊魯書社，2006 年。

11. 莊新興：《戰國璽印分域編》，上海：上海書店出版社，2001 年 10 月。

12. 劉雨、沈丁、盧岩、王文亮：《商周金文著錄總表》，北京：中華書局，2008 年 11 月。

12、類　書

1. 〔清〕陳夢雷：《古今圖書集成》，台北：文星書店，民國 53（1964）年 10 月。

2. 〔明〕王圻、王思義：《三才圖會》，上海：上海古籍出版社，1985 年 8 月。

13、其　他

1. 〔唐〕李泰等著，賀次君輯校：《括地志輯校》，北京：中華書局，2005 年 2 月。

2. 樋口隆康編集、解說：《泉屋博古》，京都：泉屋博古館，1994 年。

3. 季師旭昇主編：《《金文總集》與《殷周金文集成》銘文器號對照表》，臺北：藝文印書館，2000 年 1 月。

二、金文著錄專書

1. 〔清〕阮元：《積古齋鐘鼎彝器款識》（1804），台北：藝文印書館，1967 年。

2. 〔清〕馮雲鵬、馮雲鵷：《金石索》（1821），北京：書目文獻出版社，1996 年。

3. 〔清〕方濬益：《綴遺齋彝器考釋》（上下冊）（1899），台北：台聯國風出版社，1976 年 9 月。

4. 〔清〕劉心源：《奇觚室吉金文述》（1902）卷十一，台北：藝文印書館，1971 年。

5. 〔清〕端方：《陶齋吉金續錄》（1909）卷二，收入《石刻史料新編》第二輯第八冊，台北：新文豐出版公司，1979 年。

6. 羅振玉：《歷代符牌圖錄》（1914），北京：中國書房，1998 年 8 月。

7. 羅振玉：《秦金石刻辭》（1914），《秦金石刻辭》，輯入《羅雪堂先生全集》六編第二冊，台北：台灣大通書局，1976 年，總頁 435～554。

8. 羅振玉：《歷代符牌圖錄後編》（1916），輯入《羅雪堂先生全集》七編第二冊，台北：台灣大通書局，1976 年，頁 613～678。

9. 鄒安：《周金文存》（1916），台北：台聯國風出版社，1978 年元月。

10. 羅振玉：《癡郭草堂吉金圖》（1917），輯入《羅雪堂先生全集》三編第四冊，台北：台灣大通書局，1989 年，總頁 1061～1376。

11. 羅振玉：《增訂歷代符牌圖錄》，乙丑冬（1925）東方學會影印本，輯入《羅雪堂先生全集》七編第二冊，台北：台灣大通書局，1976 年，總頁 465～612。

12. 羅振玉：《貞松堂集古遺文》（1930），香港：崇基書店，1968 年。

13. 容庚：《秦漢金文錄》（1931），台北：中央研究院歷史語言研究所，1992 年，10 月。

14. 劉體智：《善齋吉金錄》（1934），上海：上海圖書館，1998 年。

15. 劉體智：《小校經閣金石文字》（1935），台北：大通書局，1979 年 1 月。

16. 黃濬：《衡齋金石識小錄》（1935），收入《石刻史料新編》第三輯第四十冊，台北：新文豐出版公司，1986 年 7 月。

17. 羅振玉：《貞松堂吉金圖》（據民國 24（乙亥）年墨緣堂刊印本影印）（1935），台北：台聯國風出版社，1978 年。

18. 容庚：《海外吉金圖錄》（民國 24 年考古學社刊本影印）（1935），台北：台聯國風出版社，1978 年。

19. 郭沫若：《兩周金文辭大系圖錄考釋》（1935），上海：上海書店出版社，1999 年 7 月。

20. 黃濬：《尊古齋所見吉金圖》（1936），台北：台聯國風出版社，1976 年。

21. 羅振玉：《三代吉金文存》（1937），台北：文華出版社，1970 年 7 月。

22. 于省吾：《商周金文錄遺》（1957），北京：中華書局，2009 年 4 月。

23. 中國文化研究所編：《文物精華》第二冊，台北：中國文化研究所，1960 年。

24. 中國科學考古研究所：《新中國的考古收獲》，北京：文物出版社，1961 年 12 月。

25. 湖南省博物館：《湖南省文物圖錄》，1964 年。

26. 嚴一萍主編：《金文總集》，臺北：藝文印書館，1983 年 12 月。

27. 徐中舒：《殷周金文集錄》，成都：四川人民出版社，1984 年 2 月。

28. 中國社會科學院考古研究所編：《殷周金文集成》，北京：中華書局，1984 年，8 月。

29. 中國社會科學院考古研究所編:《殷周金文集成》(修訂增補本),北京:中華書局,2007 年(八冊)。

30. 安徽省博物館:《安徽省博物館藏青銅器》,上海:上海人民美術出版社,1987 年 5 月。

31. 王輝:《秦漢銅器銘文編年集釋》,西安:三秦出版社,1990 年 7 月。

32. 廣州市文物管理委員會、中國社會科學院考古研究所、廣東省博物館編輯:《西漢南越王墓》,北京:文物出版社,1992 年 10 月。

33. 湯餘惠:《戰國銘文選》,吉林大學出版社,1993 年 9 月。

34. 李西興主編:《陜西青銅器》,西安:陜西人民美術出版社,1994 年 11 月。

35. 中國青銅器全集編輯委員會編:《中國美術分類全集・中國青銅器全集・第十卷東周(四)》,北京:文物出版社,1998 年 6 月。

36. 崔恒昇:《安徽出土金文訂補》,合肥:黃山書社,1998 年 11 月。

37. 李炳武主編,吳鎮烽編:《中國國寶:陜西珍貴文物集成:青銅器卷》,西安:陜西人民教育出版社,1999 年 8 月。

38. 劉雨、盧岩:《近出殷周金文集錄》,北京:中華書局,2002 年 9 月。

39. 鍾柏生、陳昭容、黃銘崇、袁國華:《新收殷周青銅器銘文暨器影彙編》,臺北:藝文印書館,2006 年 4 月。

40. 山東省博物館編:《山東金文集成》,濟南:齊魯書社,2007 年 6 月。

41. 西漢南越王博物館:《西漢南越王博物館珍品圖錄》,北京:文物出版社,2007 年 7 月。

42. 劉雨、汪濤:《流散歐美殷周有銘青銅器集錄》,上海:上海辭書出版社,2007 年 10 月。

43. 劉彬徽、劉長武:《楚系金文彙編》,武漢:湖北教育出版社,2009 年 5 月。

44. 劉雨、嚴志斌:《近出殷周金文集錄二編》,北京:中華書局,2010 年 2 月。

三、單篇論文

1、虎 符

1. 王國維:〈秦新郪虎符跋〉,《觀堂集林》卷十八,史林十,台北:河洛圖書出版社,民國 64 年 3 月(1975),頁 903～904。

2. 王國維:〈秦陽陵虎符跋〉,《觀堂集林》卷十八,史林十,台北:河洛圖書出版社,民國 64 年 3 月(1975),頁 904～909。

3. 唐蘭:〈新郪虎符作於秦王政十七年滅韓後〉,《申報》文史版,民國 37 年(1948 年)6 月 26 日。

4. 侯錦郎：〈新郪虎符的再現及其在先秦軍事、雕塑及書法研究上的意義〉，《故宮季刊》第十卷第一期，台北：國立故宮博物院，民國 64 年（1975），頁 35～77。

5. 陳直：〈秦兵甲之符考〉，《西北大學學報》1979 年第一期，頁 72。

6. 黑光：〈西安市郊發現秦國杜虎符〉，《文物》1979 年第九期，頁 93～94。

7. 馬非百：〈關於秦國杜虎符之鑄造年代〉，《史學月刊》1981 年第一期，頁 20～21。

8. 王敏之：〈杜陽虎符與錯金銅豹〉《文物》1981 年第九期（總三〇四期），頁 62。

9. 羅福頤：〈杜陽虎符辨偽〉，《文物》1982 年第三期，頁 62。

10. 朱捷元：〈秦國杜虎符小議〉，《西北大學學報（哲學社會科學版）》1983 年第一期，頁 53～55。

11. 那志良：〈古玉介紹之 8：虎符〉，《故宮文物》第 1 卷第八期，台北：國立故宮博物院，民國 72 年（1983）11 月，頁 26～28。

12. 戴應新：〈秦杜虎符的真偽及其有關問題〉，《考古》1983 年第十一期，頁 1012～1013。

13. 時習之：〈虎符——中國古代軍事文書〉，《浙江檔案》1983 年第十一期，頁 30～31。

14. 胡順利：〈關于秦國杜虎符的鑄造年代〉，《文物》1983 年第八期，頁 88。

15. 陳尊祥：〈杜虎符真偽考辨〉，《文博》1985 年第六期，頁 25～29。

16. 傅振倫：〈西漢堂陽侯錯銀銅虎符考釋〉，《文物天地》1990 年 1 月號，頁 43～44。

17. 景明晨、劉曉華：〈咸陽發現漢齊郡太守虎符〉，《文博》1990 年第六期，頁 86～85。

18. 張克復：〈我國古代的軍事符契檔案——新郪虎符及其它〉，《檔案》1990 年第六期，34～35。

19. 黃展岳：〈新發現的南越國虎節〉，臺北：國立故宮博物院，《故宮文物月刊》第八卷第十期，第 94 號，1991 年 1 月，頁 108～111。

20. 王輝：〈周秦器銘考釋（五篇）〉，《考古與物》1991 年第六期，頁 75～81。
　　【案】五、東郡虎符，頁 79～81，並考辨東郡虎符為偽器。

21. 何琳儀：〈南越王墓虎節考〉，《汕頭大學學報（人文科學版）》1991 年第三期（1991 年 6 月）（總第二十五期），頁 26～27。

22. 周世榮：〈湖南戰國秦漢魏晉銅器銘文補記〉，《古文字研究》第十九輯，北京：中華書局，1992 年 8 月，頁 196～281。

【案】三、符節，介紹《王命銅虎節》、《甲兵銅符節》，頁 205～206。

23. 李家浩：〈貴將軍虎節與辟大夫虎節──戰國符節銘文研究之一〉，《中國歷史博物館館刊》，1993 年第二期，頁 50～55。

24. 許英才：〈秦漢虎符述略〉，《中華學苑》第四十三期，台北：國立政治大學中文系，民國 82 年 3 月（1993 年 3 月），頁 79～110。

25. 湯餘惠：〈新郪虎符〉，《戰國銘文選·符節》，吉林大學出版社，1993 年 9 月，頁 52。

26. 湯餘惠：〈杜虎符〉，《戰國銘文選·符節》，吉林大學出版社，1993 年 9 月，頁 53。

27. 饒宗頤：〈南越文王墓虎節考釋〉，《考古學研究》，西安：三秦出版社，1993 年 10 月，頁 614～615。

28. 王關成：〈漫說秦漢虎符〉，《文史知識》1994 年第十二期，頁 54～58。

29. 王關成：〈東郡虎符考〉，《考古與文物》1995 年第一期，頁 64～65。

30. 王關成：〈再談東郡虎符辨偽〉，《考古與文物》1995 年第二期，頁 60～62。

31. 王關成：〈秦漢虎符的特徵及演變〉，《歷史月刊》第八十七期，民國 84 年 4 月（1995 年 4 月），頁 94～97。

32. 木子：〈古代調兵的憑證：虎符〉，《中州今古》1996 年第五期，頁 46。

33. 王人聰：〈南越王墓出土虎節考釋〉，《盡心集──張政烺先生八十慶壽論文集》，北京：中國社會科學出版社，1996 年 11 月，頁 162～168。

　　【案】又輯入王人聰：《古璽印與古文字論集》，香港：香港中文大學文物館，2000 年，頁 341～345。

34. 曾維華：〈秦國杜虎符鑄造年代考〉，《學術月刊》1998 年第五期，頁 79～80。

35. 李家浩：〈南越王墓車駒虎節銘文考釋──戰國符節銘文研究之四〉，《容庚先生百年誕辰紀念文集》（古文字研究專號），廣州：廣東人民出版社，1998 年，頁 662～671。

36. 潘路、姚青芳：〈陽陵虎符的科學研究〉，《科技考古論叢》第三輯，2003 年 8 月，頁 96～98。

2、鄂君啟節

1. 郭沫若：〈關於“鄂君啓節”的研究〉，《文物參考資料》1958 年第四期（總第九十二期），頁 3～7。

2. 殷滌非、羅長銘：〈壽縣出土的“鄂君啓金節”〉，《文物參考資料》1958 年第四期（總第九十二期），頁 8～11。

3. 李學勤：〈戰國題銘概述（下）〉，《文物參考資料》1959 年第九期，頁 58～61。

【案】論及符節研究,頁 60。

4. 譚其驤:〈鄂君啓節銘文釋地〉,《中華文史論叢》第二輯,北京:中華書局,1962 年 11 月,頁 169〜190。

5. 紐仲勛:〈鄂君啓節銘文釋地一文對安徽歷史地理研究的意義〉,《安徽日報》1963 年 1 月 8 日。

6. 張振林:〈“栚徒”與“一栚飤之”新詮〉,《文物》1963 年第三期,頁 48〜49。

7. 商承祚:〈鄂君啓節考〉,《文物精華》第二集,北京:文物出版社,1963 年 4 月頁 49〜55。

   【案】又輯入氏著:《商承祚文集》,廣州:中山大學出版社,2004 年 11 月,頁 416〜427。

8. 于省吾:〈鄂君啓節考釋〉,《考古》1963 年第八期,頁 442〜447。

9. 黃盛璋:〈關於鄂君啓節地理考證與交通路線的復原問題〉,《中華文史論叢》第五輯,北京:中華書局,1964 年 6 月,頁 143〜168。又收入《歷史地理論集》,人民出版社,1982 年 6 月,頁 263〜285。

10. 譚其驤:〈再論鄂君啓節地理答黃盛璋同志〉,《中華文史論叢》第五輯,北京:中華書局,1964 年 6 月,頁 169〜193。

    【案】又輯入《長水集(下)》,北京:人民出版社,1987 年 7 月,頁 212〜232。

11. 〔日〕佐藤武敏:〈先秦時代の關と關稅(先秦時代的關和關稅)〉,《甲骨學》第十輯,1964 年 7 月,頁 158〜173 總頁 1186〜1201。

12. 殷滌非:〈鄂君啓節兩個地名簡說〉,《中華文史論叢》第六輯,北京:中華書局,1965 年 8 月,頁 82。

    【案】又《札記兩則》,1965 年 8 月油印本。又《商周考古簡編》二之三,1986 年,黃山書社。

13. 商承祚:〈談鄂君啓節銘文中幾個文字和幾個地名等問題〉,《中華文史論叢》第六輯,北京:中華書局,1965 年 8 月,頁 143〜158。

    【案】又輯入《文史集林》第四輯,台北:木鐸出版社,1981 年 1 月,頁 13〜22;。

14. 曾憲通主編《古文字與漢語史論集》,廣州:中山大學出版社,2002 年 7 月,頁 6〜13;《商承祚文集》,廣州:中山大學出版社,2004 年 11 月,頁 416〜427。

15. 商承祚:〈寫在鄂君啓節考後〉,《商承祚文集》,廣州:中山大學出版社,2004 年 11 月,頁 430〜433。

    【案】作者自題本文作於 1965 年 11 月。

16. 〔日〕船越昭生:〈鄂君啓節について（關於鄂君啓節）〉,《東方學報》第四十三冊,京都大學人文社會科學院,1972 年,頁 55～95。

17. 裘錫圭:〈戰國文字中的市〉,《考古學報》1980 年第三期,頁 285～296。

    【案】《鄂君啓節》「𣏂」釋爲「市」。

    【又案】又輯入裘錫圭:《古文字論集》,北京:中華書局,1992 年 8 月,頁 454～468。

18. 曹錦炎、吳振武:〈釋戢〉,《吉林大學社會科學學報》1981 年第二期（總第四十四期）,頁 24～25。

19. 曾憲通:〈楚月名初探——兼論昭固墓竹簡的年代問題〉,《中山大學學報》1980 年第一期,頁 97～107。

    【案】輯入《古文字研究》第五輯,1981 年 1 月,中華書局,頁 303～320。又輯入《楚地出土文獻三種研究》,北京:中華書局,1993 年 8 月,頁 343～361;《曾憲通學術文集》,汕頭:汕頭大學出版社,2002 年 7 月,頁 181～200。

20. 熊傳新、何光岳:〈鄂君啓節舟節中江湘地名新考〉,《湖南師院學報（哲學社會科學版）》1982 年第三期,頁 85～90。

21. 陳蔚松:〈鄂君啓舟節與屈原《哀郢》研究〉,《華中師院學報（哲學社會科學版）》1982 年增刊（總第三十八期）,頁 16～35。

    【案】又輯入楊昶、陳蔚松等著《出土文獻探頤》,北京:崇文書局,2005 年 6 月,頁 90～125。

22. 黃盛璋:〈再論鄂君啓節交通路線復原與地理問題〉,湖北省楚史研究會、武漢師範學院學報編輯部合編:《楚史研究專輯》,1982 年,頁 65～86。

    【案】又載於《安徽史學》1988 年第二期,頁 16～31。

23. 劉和惠:〈鄂君啓節新探〉,《考古與文物》1982 年第五期,頁 60～65。

24. 黃盛璋:〈鄂君啓節地理問題若干補正〉,《歷史地理論集》,北京:人民出版社,1982 年 6 月,頁 286～288。

25. 李裕民:〈古文字考釋四種〉,《古文字研究》第七輯,北京:中華書局,1982 年 6 月,頁 25～30。

    【案】本文（二）釋睙,釋爲𥅆爲「睙」,讀作「鎔」,頁 26～28。

26. 孫劍鳴:〈鄂君啓節續探〉,《安徽省考古學會刊》1982 年第六輯。

    【案】又輯入《中國古文字大系·金文文獻集成》第二十九冊,〈現代文獻·銘文與考釋·單器與器群·散篇（東周·楚）〉,頁 332。

27. 許學仁:〈楚文字考釋〉,《中國文字》新七期,San Francisco:美國藝文印書館,1983 年 4 月,頁 83～153。

【案】共考釋《鄂君啓節》⬚爲「當」、⬚爲「革」、⬚爲「檐」、⬚爲「棹」、⬚爲「裏」、⬚爲「乘」、⬚爲「歲」、⬚爲「府」、⬚爲「内」、⬚爲「毀」、⬚爲「夏」、⬚爲「胯」、⬚爲「馬」、⬚爲「織」、⬚爲「繁」、⬚爲「箭」、⬚爲「黿」共十七字考釋。

28. 李裕民：〈古字新考〉，《古文字研究》第十輯，北京：中華書局，1983 年 7 月，頁 109～121。

　　【案】本文二、釋⬚⬚⬚⬚⬚⬚⬚，釋車節之⬚字爲「兔」，頁 115～116。

29. 姚漢源：〈鄂君啓節釋文〉，《安徽考古學會會刊》第七輯，1983 年。

　　【案】又刊載《古文字研究》第十輯，北京：中華書局，1983 年 7 月，頁 199～203。

30. 劉宗漢：〈金文札記三則〉，《古文字研究》第十輯，北京：中華書局，1983 年 7 月，頁 127～137。

　　【案】第一則爲"襄陵及襄陵之戰"，第二則爲"鄂君啓不是鄂君子皙"。

31. 楊向奎：〈釋屯〉，《繹史齋學術文集》，上海人民出版社，1983 年 6 月，頁 545～546。

　　【案】將《鄂君啓節》「屯」字釋爲「准」。

32. 黃盛璋：〈楚銘刻中"陵""陸"的考辨及其相關問題〉，《安徽史學》1984 年第一期，頁 41～46。

　　【案】釋⬚爲「陵」字。

33. 劉先枚：〈釋罷〉，《江漢考古》1985 年第三期（總第十六期），頁 73～74。

　　【案】把「罷」釋爲「台」，讀爲「貨」。

34. 陳偉：〈《鄂君啓節》之"鄂"地探討〉，《江漢考古》1986 年第二期（總第十九期），頁 88～90。

35. 李零：〈楚國銅器銘文編年匯釋〉，《古文字研究》第十三輯，北京：中華書局，1986 年 6 月，頁 353～397。

　　【案】（十三）《鄂君啓節》，頁 368～372。

36. 曹錦炎：〈東陸鼎蓋考釋——兼釋「層」字〉，《古文字研究》第十四輯，北京：中華書局，1986 年 6 月，頁 45～49。

　　【案】認爲楚地有以「陸」字代替「陵」之慣例。

37. 陳懷荃：〈東陵考釋〉，楚文化研究會編：《楚文化研究論集》第一集，荆楚書社，1987 年 1 月，頁 268～280。

　　【案】（三）考辨「滄江」及「爰陵」之地望，頁 278～280。

38. 劉信芳：〈釋⬚郢〉，《江漢考古》1987 年第一期，頁 78～83。

【案】將「柴郢」釋爲「郊郢」，爲郢都外郊祀柴祭之所，而爲楚王之遊宮。

39. 黃盛璋：〈再論鄂君啓節交通路線復原與地理問題〉，《安徽史學》1988 年第二期，頁 16～31。

40. 鄭剛：〈戰國文字中的“陵”和“李”〉，《中國古文字學研究會成立十周年學術研討會論文》，1988 年 8 月，頁 1～15。

    【案】又輯入鄭剛：《楚簡道家文獻辨証》，汕頭大學出版社，2004 年 3 月，頁 61～75。

41. 何琳儀：〈長沙銅量銘文補釋〉，《江漢考古》1988 年第四期，頁 97～101。

    【案】將《鄂君啓節》「柴郢」釋爲「葳郢」，讀爲「郊郢」。

42. 朱德熙、李家浩：〈鄂君啓節考釋（八篇）〉，《紀念陳寅恪先生誕辰百年學術論文集》，北京：北京大學出版社，1989 年，頁 61～70。

    【案】又輯入《朱德熙古文字論集》，北京：中華書局，1995 年 2 月，頁 189～202。

43. 張中一：〈《鄂君啓金節》路線新探〉，《求索》1989 年第三期，頁 126～128。

44. 陳偉：〈《鄂君啓節》與楚國的免稅問題〉，《江漢考古》1989 年第三期（總第三十二期），頁 52～58。

45. 邱德修：〈從鄂君啓節銘文看楚國的水陸交通及經濟實力〉，台南：國立成功大學中文系：《慶祝蘇雪林教授九秩晉五華誕國際學術研討會論文集》，1991 年 4 月，頁 5-1～5-21。

    【案】又輯入邱德修：《曉堂學術論文集》，臺北：五南圖書出版公司，1995 年 11 月，頁 570～596。

46. 謝元震：〈鄂君啓節銘文補釋〉，《中國歷史博物館館刊》1991 年 5 月，總第十五、十六期，頁 152～153。

47. 黃錫全：〈“葳郢”辨析〉，楚文化研究會編：《楚文化研究論集》第二輯，湖北：湖北人民出版社，1991 年 6 月，頁 311～324。

    【案】本文輯入黃錫全：《古文字與古貨幣文集》，文章有刪節，並加入作者補記，北京：文物出版社，2009 年 5 月，頁 333～339。

48. 徐少華：〈昭陽伐魏及其相關問題辨析〉，《江漢論壇》，1993 年第四期，頁 59～62。

    【案】又輯入徐少華：《荊楚地歷史地理與考古探研》，北京：商務印書館，2010 年 11 月，頁 92～101。

49. 湯餘惠：〈鄂君啓節〉，《戰國銘文選·符節》，吉林大學出版社，1993 年 9 月，頁 43～50。

50. 何琳儀：〈句吳王劍補釋──兼釋冡、主、开、丂〉，《第二屆國際中國古文字學研討會論文集》，香港：香港中文大學中國語言及文學系，1993 年

10 月，頁 249～263。

【案】將鄂君啓舟節的「㫚」字隸定爲「舿」讀爲「舸」。

51. 吳振武：〈鄂君啓節 "舿" 字解〉，《第二屆國際中國古文字學研討會論文集》，香港：香港中文大學中國語言及文學系，1993 年 10 月，頁 273～292。

52. 羅長銘：〈鄂君啓節新探〉，《羅長銘集》，安徽：黃山書社，1994 年 12 月，頁 73～114。

53. 李零：〈古文字雜識（兩篇）〉，《于省吾教授誕辰 100 週年紀念文集》，長春：吉林大學出版社，1996 年 9 月，頁 270～274。

【案】二、釋就、逾和賸，將就釋爲「就」之簡省寫法，爲抵達或到之意；將賸讀爲「僦」，指僱用舟車載運，也可以指運費所值。

54. 徐少華：〈包山楚簡釋地五則〉，《江漢考古》1996 年第四期，頁 60～65。

【案】釋「襄陵」條，地望於今河南睢縣。

【又案】又輯入徐少華：〈包山楚簡釋地〉，《荊楚地歷史地理與考古探研》，北京：商務印書館，2010 年 11 月，頁 226～229。

55. 徐少華：〈包山楚簡釋地八則〉，《中國歷史地理論叢》1996 年第四期，頁 91～104。

【案】釋「邔」之地望即湖北省鍾祥縣北境漢水東岸一帶。

【又案】又輯入徐少華：〈包山楚簡釋地〉，《荊楚地歷史地理與考古探研》，北京：商務印書館，2010 年 11 月，頁 212～214。

56. 徐少華：〈"包山楚簡" 地名數則考釋〉，《武漢大學學報》（哲學社會科學板）1997 年第二期（總第二三一期），頁 102～108。

【案】"繁丘　繁陽" 條（頁 104～105）考辨包山楚簡 "繁陽" 與《〈鄂君啓節〉之 "繁陽" 當屬一地，並考證其地望。

【又案】又輯入徐少華：〈包山楚簡釋地〉，《荊楚地歷史地理與考古探研》，北京：商務印書館，2010 年 11 月，頁 190～267。

57. 孔仲溫：〈再釋望山卜筮祭禱簡文字兼論其相關問題〉，《第八屆中國文字學全國學術研討會論文集》，1997 年，頁 37～56。

【案】四、釋逾，將鄂君啓舟節「就」字釋爲「庚」，「經」、「至」之意。又輯入《孔仲溫教授論學集》，台北：台灣學生書局，2002 年 3 月，頁 293～325。

58. 李倩：〈論楚國與周邊各國各民族之經濟聯繫〉，《江淮論壇》1997 年第十二期，頁 51～56。

59. 陳偉：〈郭店楚簡別釋〉，《江漢考古》1998 年第四期，頁 67～72。

【案】第二則考證《老子》甲本第十九簡 "以逾甘露" 條，傳本作 "以降

甘露"，"逾"與"降"對應，兼考辨《鄂君啓節・舟節》中"逾"字，表示與"上"相反之航程，當指"沿江而下"。

60. 周鳳五、林素清《鄂君啓節研究》，【行政院國家科學委員會專題研究計畫成果報告】NSC87-2411-H-002-045，頁1～24，1998年10月30日。

61. 李家浩：〈鄂君啓節銘文中的高丘〉，《古文字研究》第二十二輯，北京：中華書局，2000年7月，頁138～140。

62. 何琳儀：〈鄂君啓舟節釋地三則〉，《古文字研究》第二十二輯，北京：中華書局，2000年7月，頁141～145。

63. 曹錦炎：〈釋「兔」〉，《古文字研究》第二十輯，北京：中華書局，2000年3月，頁184～191。

【案】將《鄂君啓節》𩥈釋爲「兔」。

64. 王輝：〈釋𩰤、𩰦〉，《古文字研究》第二十二輯，北京：中華書局，2000年7月，頁146～149。

65. 蘇建洲：〈說楚文字中的「紀郢」〉，簡帛研究網站，http://www.jianbo.org/Wssf/2003/sujianzhou12.htm，2003年3月6日。

【案】將《鄂君啓節》𦬰釋爲「𦵖」或「蒩」。

66. 楊小英：〈《鄂君啓節》所見楚史三題研究〉，《江漢論壇》2004年第四期，頁80～82。

67. 范麗梅：〈論鄂君啓節「尻」字〉，《中國文學研究》第十八期，民國93年6月（2004年6月），頁1～22。

68. 張后銓：〈鄂君啓節價值與東鄂地望考略〉，《鄂州大學學報》2005年第二期，2005年3月，頁51～55。

69. 董珊：〈讀《上博六》雜記〉，武漢大學簡帛研究中心網站，http://www.bsm.org.cn/show_article.php?id＝603，2007年7月10日。

【案】將鄂君啓舟節的「𦩍」字釋爲「舿」讀爲「航」。

70. 劉和惠：〈鄂君啓節札記九則〉，楚文化研究會編：《楚文化研究論集》第七集，長沙：岳麓書社，2007年9月，頁108～114。

71. 王愛民：〈鄂君啓節中的𦵖及相關諸字〉，《大慶師範學院學報》2008年第四期，頁83～87。

72. 陳偉：〈《鄂君啓節》——綿延30年的研讀〉，武漢大學簡帛研究中心網站，2009年8月25日，http://www.bsm.org.cn/show_article.php?id＝1136。

73. 邱德修：〈戰國「罷」字新證〉，《第十二屆中區文字學學術研討會論文集》，台中：靜宜大學，2010年6月，頁1～24。

【案】將「罷」字以二聲字釋之，應讀爲「一」。

74. 陳劍：〈試說戰國文字中寫法特殊的 "亢" 和從 "亢" 諸字〉，《出土文獻與古文字研究》第三輯，上海：復旦大學出版社，2010 年 7 月，頁 152～182。

【案】將鄂君啓舟節的「」字釋爲「航」。

75. 單育辰：〈佔畢隨錄之十三〉，復旦大學出土文獻與古文字研究中心網站，http://www.gwz.fudan.edu.cn/SrcShow.asp?Src_ID＝1363，2011 年 1 月 8 日。

【案】將鄂君啓舟節的「」字釋「舲」讀爲「舫」。

3、龍　節

1. 唐蘭：〈王命傳考〉，北京大學《國學季刊》六卷四號，1946 年，頁 61～73。

【案】又輯入《唐蘭先生金文論集》，北京：紫禁城出版社，1995 年 10 月，頁 53～61。

2. 流火：〈銅龍節〉，《文物》1960 年第 8、第九期合期，頁 82。

3. 石志廉：〈對 "銅龍節" 一文的商榷〉，《文物》1961 年第一期，頁 72。

4. 湯餘惠：〈銅龍節〉，《戰國銘文選・符節》，吉林大學出版社，1993 年 9 月，頁 51。

5. 李家浩：〈傳賃龍節銘文考釋——戰國符節銘文研究之三〉，《考古學報》，1998 年第一期，頁 1～10。

【案】又輯入李家浩：《著名中年語言學家自選集・李家浩卷》，合肥：安徽教育出版社，2002 年 4 月，頁 101～116。

4、鷹　節

1. 李家浩：〈傳遽鷹節銘文考釋——戰國符節銘文研究之二〉，《海上論叢》第二輯，1998 年，頁 17～33。

【案】又輯入李家浩：《著名中年語言學家自選集・李家浩卷》，合肥：安徽教育出版社，2002 年 4 月，頁 82～100。

2. 朱德熙、裘錫圭：〈戰國文字研究（六種）〉，《考古學報》1972 年第一期，頁 73～89。

【案】遽駏考，考釋「」字爲「遽」。

【又案】又輯入《朱德熙古文字論集》，北京：中華書局，1995 年 2 月，頁 31～53。

5、馬　節

1. 吳振武：〈燕馬節補考——兼釋戰國時代的「射」字〉，《中國古文字研究會第八屆年會論文》，江蘇太倉，1990 年 11 月，頁 1～10。

6、總　論

1. 〔清〕瞿中溶：〈集古虎符魚符考〉，收入陳乃乾《百一盧金石叢書》第六冊，辛酉十月（1921 年）海昌陳氏影印本。

   【案】收入《續修四庫全書》第一一〇九冊，子部・譜錄類，上海：上海古籍出版社，2002 年，總頁 521～536。

2. 于省吾：〈殷代的交通工具和馹傳制度〉，《吉林大學人文科學學報》1955 年第二期，頁 78～114。

3. 陳直：〈考古論叢：秦陶券與秦陵文物〉，《西北大學學報（人文社會科學版）》1957 年第一期。

4. 樓祖詒：〈漢簡郵驛資料釋例〉，《文史》第三輯，1963 年，頁 123～144。

5. 鄭新來：〈鄭州二里崗發現的商代玉璋〉，《文物》1966 年第一期，頁 58。

6. 馮漢驥、童正恩：〈記廣漢出土的玉器〉，《文物》1979 年第二期，頁 31～37，下接頁 30。

7. 薛群英：〈漢代符信考述（上）——居延漢簡研究〉，《西北史地》1983 年第三期，頁 72～82。

8. 河南省文物研究所：〈河南溫縣東周盟誓遺址一號坎發掘簡報〉，《文物》1983 年三期，頁 78～89，下接頁 77。

9. 薛群英：〈漢代符信考述（下）——居延漢簡研究〉，《西北史地》1983 年第四期，頁 69～80。

10. 朱德熙：〈戰國文字中所見有關廄的資料〉，《古文字學論集》初編，香港：香港中文大學中國文化研究所，1983 年 9 月，頁 409～423。

    【案】又輯入文化部文物局古文獻研究室編：《出土文獻研究》，1985 年 6 月，頁 244～249；又輯入朱德熙：《朱德熙文集》，北京：商務印書館，1999 年 3 月，頁 157～165。

11. 彭浩：〈信陽長台關楚簡補釋〉（《江漢考古》1984 年第二期），頁 64～66，62。

12. 黃盛璋〈盱眙新出銅器、金器及相關問題考辨〉，《文物》1984 年十期，頁 59～64。

13. 鄭雅坤：〈談我國古代的符節（牌）制度及其演變〉，《西北大學學報（哲學社會科學版）》1985 年第一期，頁 56～63。

14. 高敏：〈秦漢郵傳制度考略〉，《歷史研究》1985 年第三期，頁 69～85。

15. 湯餘惠：〈略論戰國文字形體研究中的幾個問題〉，《古文字研究》第十五輯，北京：中華書局，1986 年 6 月，頁 9～100。

16. 李家浩：〈先秦文字中的“縣”〉，《文史》二十八輯，1987 年。

    【案】又輯入李家浩：《著名中年語言學家自選集・李家浩卷》，2002 年 12

月，頁 15～34。

17. 王永波：〈牙璋新解〉，《考古與文物》1988 年第一期。

18. 戴應新：〈神木石峁龍山文化玉器〉，《考古與文物》1988 年第五、六期合刊。

19. 王長啓、高曼、尚民杰、茹新華：〈介紹西安市藏珍貴文物〉，《考古與文物》1989 年第五期。

20. 張懋鎔、趙榮、鄒東濤：〈安康出土的史密簋及其意義〉，《文物》1989 年第七期，頁 64～71，42。

21. 裘錫圭：〈釋殷墟卜辭中與建築有關的兩個詞——「門塾」與「𠂤」〉，《出土文獻研究續集》，北京：文物出版社，1989 年 12 月，頁 1～4。

22. 羅運環：〈古文字資料所見楚國官制研究〉，楚文化研究會編：《楚文化研究論集》第二輯，湖北：湖北人民出版社，1991 年，頁 270～289。

23. 李學勤：〈論香港大灣所出牙璋及有關問題〉，《南方文物》1992 年第一期，頁 25～29，下接頁 18。

24. 裘錫圭：〈讀《戰國縱橫家書釋文注釋》札記〉，《文史》第三十六輯，北京：中華書局，1992 年。

25. 李家浩：〈戰國文字中的"遂"〉，《湖北大學學報（哲學社會科學版）》1992 年第三期，頁 30～37。

【案】又輯入李家浩：《著名中年語言學家自選集・李家浩卷》，2002 年 12 月，頁 35～52。

26. 楊伯達：〈牙璋述要〉，《故宮博物院院刊》1994 年三期，頁 41～47。

27. 劉釗：〈談史密簋銘文中的「眉」字〉，《考古》1995 年第五期，頁 434～435。

28. 陳昭容：〈戰國至秦的符節——以實物資料爲主〉，《中央研究院歷史語言研究所集刊》第 66 本第一分，台北：中央研究院歷史語言研究所，民國 84 年 3 月（1995 年 3 月），頁 305～366。

29. 吳振武：〈戰國刻銘中的「泉」字〉，《華學》第二輯，廣州：中山大學出版社，1996 年 12 月，頁 47～52。

30. 陳煒湛：〈包山楚簡研究（七篇）〉，廣東炎黃文化研究會：《容庚先生百年誕辰紀念文集》，廣東：廣東人民出版社，1998 年 4 月，頁 573～591。

31. 劉信芳：〈從夌之字匯釋〉，《容庚先生百年誕辰紀念文集》，廣東：廣東人民出版社，1998 年 4 月，頁 607～618。

【案】十、陸，「陸」字釋爲「陵」從字形難解，而以偏旁「坴」爲「差」省形，而有古音歧讀爲「夌」解之。

32. 馮勝君：〈戰國燕王戈研究〉，《華學》第三輯，北京：紫禁城出版社，1998

年 11 月，頁 239～246。

33. 孫瑞：〈從《睡虎地秦墓竹簡》看秦國憑證及憑證文書〉，《吉林大學古籍整理研究所建所十五週年紀念文集》，長春：吉林大學出版社，1998 年 12 月，頁 311～321。

34. 李學勤：〈秦四年瓦書〉，《李學勤學術文化隨筆》，北京：中國青年出版社，1999 年 1 月，頁 334～345。

35. 林師清源：〈戰國燕王戈器銘特徵及其定名辨偽問題〉（台北：中央研究院歷史語言研究所，《中央研究院歷史語言研究所集刊》第七十本第一分，1999 年 3 月，頁 239～282。

36. 楊亞長：〈淺論牙璋〉，《文博》2001 年四期，頁 41～49。

37. 裘錫圭：〈從殷墟卜辭的「王占曰」說到上古漢語的宵談對轉〉，《中國語文》2002 年第一期（總第二八六期），頁 70～76。

38. 董珊、陳劍：〈郾王職壺銘文研究〉，《北京大學中國古文獻研究中心集刊》第三輯，2002 年 10 月，頁 29～54。

39. 曹錦炎：〈楚簡文字中的"兔"及相關諸字〉，謝維揚、朱淵清主編：《新出土文獻與古代文明研究》，上海：上海大學出版社，2004 年 4 月，頁 112～115。

40. 季師旭昇：〈上博四零拾〉，清華大學簡帛研究網站，http://www.jianbo.org/admin3/2005/jixusheng002.htm，2005 年 2 月 15 日。

41. 劉輝：〈中國早期誠信觀與信憑物論考〉，《遼寧省博物館館刊》，2006 年 12 月，頁 235～241。

42. 沈培：〈從西周金文"姚"字的寫法看楚文字"兆"字的來源〉，武漢大學簡帛研究中心網站，http://www.bsm.org.cn/show_article.php?id＝552，2007 年 4 月 21 日。

43. 李守奎：〈楚文字考釋獻疑〉，張光裕、黃德寬主編：《古文字學論稿》，合肥：安徽大學出版社，2008 年 4 月，頁 344～353。

44. 董珊：〈楚簡簿記與楚國量制研究〉，《考古學報》2010 年第二期，頁 171～206。

45. 高佑仁：〈《莊王既成》「航」字構形考察〉，武漢大學簡帛研究中心網站，http://www.bsm.org.cn/show_article.php?id＝1273，2010 年 7 月 16 日。

46. 張世超：〈居、凥考辨〉，《中國文字研究》第十三輯，華東師範大學中國文字研究與應用中心主編，鄭州：大象出版社，2010 年 10 月，頁 33～36。

47. 黃錦前：〈談兩周金文中的"余"和"舍"〉，復旦大學出土文獻與古文字研究中心網站論文，http://www.gwz.fudan.edu.cn/SrcShow.asp?Src_ID＝1585，2011 年 7 月 9 日。

四、學位論文

1. 許師學仁：《先秦楚文字研究》，台北：國立臺灣師範大學國文研究所碩士論文，1979 年 6 月。

   【案】輯入《國立台灣師範大學國文研究所集刊》第二十四號（上冊），頁 519～740，1980 年 6 月。

2. 沈師寶春：《《商周金文錄遺》考釋》，台北：國立臺灣師範大學國文研究所碩士論文，1982 年 6 月。

   【案】《王命傳賃節》考釋，頁 827～829。

   【又案】後正式出版為：《《商周金文錄遺》考釋》（上中下冊），臺北：花木蘭文化工作坊，2005 年 12 月。

3. 許師學仁：《戰國文字斷代與分域研究》，台北：國立臺灣師範大學國文研究所博士論文，1987 年 6 月。

4. 馮勝君：《戰國燕系古文字考古資料綜述》，長春：吉林大學古籍研究所碩士論文，1997 年 5 月。

   【案】〈第六章　燕國雜器綜述・一、符節類〉，頁 77～78，釋《鷹節》、《雁節》、《馬節》。

5. 黃靜吟：《楚金文研究》，高雄：國立中山大學中國文學研究所博士論文，1997 年 6 月。

   【案】〈第六章　楚金文考釋・二、釋賸〉，頁 186～188，釋《鄂君啟節》中的「賸」字為「續」。

6. 顏世鉉：《包山楚簡地名研究》，臺北：國立台灣大學中國文學研究所碩士論文，1997 年 6 月。

7. 林師清源：《楚國文字演變研究》，台中：東海大學中國文學研究所博士論文，1997 年 12 月。

8. 蘇師建洲：《戰國燕系文字研究》，台北：國立臺灣師範大學國文研究所碩士論文，2001 年 6 月。

   【案】〈第十章　結論・四、燕系文字材料的特色・四、青銅符節〉，頁 261，簡述材料研究特色。

   〈下編：文字考釋　壹、燕系文字研究・二、青銅器・（三）青銅符節〉，頁 297～298，考釋《鷹節》、《雁節》、《馬節》銘文。

9. 王樹金：《秦漢郵傳制度考》，西北大學歷史系碩士論文，2005 年 6 月。

10. 朱翠翠：《秦漢符信制度研究》，上海：上海師範大學歷史系碩士論文，2009 年 4 月。

11. 何淑媛：《戰國楚簡中的楚國人名研究》，台北：國立臺灣師範大學國文研究所碩士論文，2009 年 6 月。

12. 湯志彪:《三晉文字編》,長春:吉林大學古籍研究所博士論文,2009 年
    12 月。

13. 單育辰:《楚地戰國簡帛與傳世文獻對讀之研究》,長春:吉林大學古籍研
    究所博士學位論文,2010 年 6 月。

14. 王愛民:《燕文字編》,長春:吉林大學古籍研究所碩士論文,2010 年 4
    月。

後 記

　　儘管仍有不完美的地方，拙著得以再次修訂並且付梓，心中依然感到欣喜。感謝業師許學仁先生自碩士班以來的善誘提攜，自己深知駑鈍不敏，必定要日積跬步，始能望千里之行。謝謝許師的慨允推薦，才得以有出版的機會，並再三叮嚀須細心修訂增補，切莫殆慢；感謝拙著口試時，季旭昇老師對於未來計畫出版的鼓勵和修訂建議，讓我增添不少勇氣；感謝魏慈德老師給予的寶貴指正，讓拙著重新修正與甲骨相關的問題，與魏師談天論學，獲益良多；感謝安徽大學徐在國先生百忙中撥冗審閱，惠賜寶貴建議，讓拙著修訂更為完善。猶記拙著在撰述之時立下的目標，就是期望成為「符節研究專書」，然而自知在符節的文化意義方面，開展的仍不夠深入；也自知在文字考釋尤難，尚有不能遂定之處，內心難免感到不安，但之於學術，若能做為古器物、古文字研究軌跡上的一小步，已是不廢初衷；之於個人，做為學習歷程上的少作，已是成長的歷程與甜美的奮鬥記憶。

　　謝謝花木蘭出版社給予出版的機會，拙著中收錄的圖版、表格和古文字造字不在少數，增添編輯上的困難還請見諒。

　　最後，謝謝家人對我在外求學生活上的關懷和忙碌時鮮少回家相聚的體諒，父母對拙著出版感到高興也付出許多關心，謝謝你們的全力支持，讓我追逐夢想。

　　我想，這本小書只是個開始，立下繼續前行的起跑點。

洪德榮　誌於國立東華大學中國語文學系
藍天、中央山脈、太平洋懷抱的淨土花蓮
2012 年 7 月